ひとり税理士のギモンに答える

128問
128答

税理士
井ノ上 陽一 [著]
Yoichi Inoue

一般財団法人 大蔵財務協会

はしがき

　ひとり税理士として独立すると、
「自分で決めることができる」
　というメリットがあります。

　独立前のように、誰かにお伺いを立てなくてもよいわけです。

　反面、それは、
「なにごとも自分ひとりで決めなければならない」
ということを意味します。

　ギモンや迷いが生じても、誰に頼ることもできないということです。

　私も独立したての頃はそうでした。
・こんなときどうすればよいのだろう？
・これで合っているのだろうか？
・どっちにすればよいのか？
など、たくさんのギモンや迷いと格闘してきました。

　これまでに、そのような苦闘の結果、得られたもの、身に付いたものを、ブログやメルマガ（「税理士進化論」）、あるいは『ひとり税理士の仕事術』をはじめとする著作などでお伝えしてまいりました。

なぜなら、みなさんが私と同じようなギモンで悩む必要はないからです。

　私が発信することで、みなさんのギモンや迷いが解消すれば、悩み、迷うことで失われたはずの多くの時間が救われます。
　失わずに済んだ時間は、他の誰かに役立てるために使ってほしいと願っています。

　本書では、
・私がかつて悩んだギモン
・よくご相談いただくギモン
を128個集め、それらに対する私の考え方や判断基準を示しています。
　今では私の中で明確な答えが出ているギモン、言い換えれば、迷いなく確立している「判断軸」を著しました。

　読者の皆さんが、ご自身の「軸」をつくる際の助けとなれば幸いです。

【目　次】

CHAPTER5　仕事の依頼を受けるべきか悩んだときに生じるギモン

CHAPTER6　顧問料報酬以外の収入の柱をどうすべきか悩んだときに生じるギモン

CHAPTER7　断りきれなくて悩んだときに生じるギモン

CHAPTER8　値付けをするときに生じるギモン

CHAPTER15　お客様に困ったときに生じるギモン

CHAPTER16　仕事量が適量か悩んだときに生じるギモン

CHAPTER28　ひとり税理士としての方向性に悩んだときに生じるギモン

CHAPTER1

どのように営業すればよいか悩んだときに生じるギモン

1 効率よく集客したいのですが、どのような方法がよいでしょうか？

私は「営業」はしていますが、「集客」はしていません。

「集客」という言葉は読んで字のごとく、「客を集める」ことを意味し、

・誰でもいいから

・ガサッと集めて

・売上につなげる

というイメージがあります。

好きな表現ではないため、使っていません。

とにかく集めるだけ集めて、たくさんの方に来ていただき、その中から成約できるお客様を探す、という集客は苦手です。

私の考える「営業」は、いわゆる「集客」を意味するものではありません。

自分が提供しようと考えているサービスの内容を、できるだけ直接的な手段やメッセージでお客様にお届けし、直接ご依頼いただくようにしています。

そもそも私の行う営業に「成約」という概念はなく、お客様から

「検討します」「後日連絡します」といった反応を引き出すものでもありません。

　実際、私の場合、依頼の件数が問い合わせの件数をはるかに上回っています。

　いわゆる「集客」では、いかに問い合わせをいただくかということが大事ですが、私がする営業では、いかに依頼をいただくかが大事です。

　問い合わせと依頼、どちらが大事でしょうか。

　そのような意味では、営業は「効率よく」できるものではありません。

　私の場合、ネット上で行う営業が中心です。

　ネット営業は結果として効率的ということはありますが、成果が出るまでにそれなりの努力は欠かせませんし、労力も要します。

　ネット上で行う営業は、ホームページをときどき触り、ブログを1年書けば成果につながるというものでもなく、SNSを使えば手軽にかんたんに「集客」できるものでもありません。

　ネット営業で成果を挙げている方は、皆、相応の努力をしていらっしゃいます。

　ここでいう「成果」とは、「望む生き方ができている」というものです。

　お金を得るということだけであれば、いわゆる「集客」によってなし得るのかもしれませんが、「集客」によって望む生き方を実現

するのは難しいと感じています。

　たとえば代理店等の広告を利用して集客することもできるでしょうが、単純なミスマッチが起こりやすくなるでしょう。
　お金は得られても、さまざまな困難やストレスを生じ、結果的に時間を無駄にすることになるかもしれません。
　もし、私と同じように、望む生き方を目指すなら、「効率的な集客」はあきらめましょう。

　私の営業手法は、「地道に積み重ねる」ことで「結果として効率的である」ことを目指し、かつ「望むお客様」に、自分が提供できるサービスの内容を「直接的に伝える」ことを目指すものです。

2　名刺はどのようなものを使っていますか？

名刺は使いません。

　コロナ感染症の流行で対面による仕事が減り、世間一般で名刺を使用する機会は減りましたが、私はコロナ以前からすでにほとんど名刺を使わなくなっていました。

　そもそも名刺を使うシーンがほとんどなくなっていたからです。

　たとえば仕事の依頼はネット上で受けるため、自己紹介もブログ、ホームページ等ですんでおり、名刺を改めて交換する必要はありません。

　儀礼的に名刺を交換することに意味を感じられず、自己紹介のツールとしては使わなくなりました。

・交流会で名刺を交換する
・紹介を受けて商談する相手方と名刺を交換する
ということもほとんどありません。

　そもそも交流会に行かず、紹介を受けることもないからです。

　以前、名刺を使っていた時分には、

表面に、

・名前、肩書き、メールアドレス、住所、ブログ等のURL

　　裏面に、

・プロフィール、写真

などを載せていました。

　これは営業用の名刺です。

　税務調査の立ち合いで用いる名刺は縦で、「税理士　井ノ上陽一」とだけ入れた、裏面が白い別の名刺を用意していました。

　今は、普段、私は名刺代わりとなる「セルフマガジン」を持ち歩いています。

　16ページの「雇われない雇わない生き方」のヒントを書いた冊子で、名刺よりも情報量が多いのがポイントです。

　ノートパソコンのケースに入れていつでも出せるようにしており、ニーズのありそうな方にお渡しするようにしています。

　この冊子はネットでの申し込みも受け付けており、リクエストがあれば郵送しているものです。

　「社会人として名刺はあったほうがよい」という常識にとらわれる必要はありません。

　もし名刺をつくるのであれば、堅苦しい業務内容や、難しい専門用語を並べないようにしましょう。

　何を書こうが、相手に伝わらなければ意味がないからです。

　名刺には「連絡先」や「会話のネタになるようなおもしろいプロフィール」を入れておきましょう。

　顔写真を入れておくと相手の印象に残りやすくなります。

　しかし結局のところ、交換する名刺より、交換の場で相手とどのような会話をしたか、相手の記憶に自分の印象を残せたかどうかが大事です。
　また、名刺交換後のフォローも大事で、「ありがとうございました！」といった定型文によるメールではなく、その時の会話の内容に触れたメールを送り、相手の記憶にアプローチしましょう。

　そして、ひとたび名刺を使わないと決めたなら、申し訳なさ気に「ただいま名刺を切らしておりまして…」などと取り繕った言い訳をせずにすませる覚悟を持つべきです。

3 税理士紹介会社を利用すれば営業せずにすみ、手っ取り早いと思いますがいかがでしょうか？

たとえお金があっても私は税理士紹介会社を利用しませんし、利用せずにすむよう、歯を食いしばって努力しています。

　税理士紹介会社（またはそれに類するもの）は、税理士を探している方に税理士を紹介し、紹介した税理士から手数料を得るビジネスです。

　この手数料は、紹介を受けた税理士がお客様から受け取る年間報酬額の50から80％程度に設定されています。

　顧問税理士として紹介を受ければ、顧問契約は半永久的なものであるため、手数料の額は適当といえるのかもしれません。

　しかしながら、契約が「紹介」による以上、お客様とのミスマッチが生じるリスクも高まります。

　お客様とのミスマッチは紹介会社を利用する場合に限らず生じるもので、契約が永続する保証はどこにもありません。

　もし短期間で契約解除となった場合には、多額の手数料を支払う意味がなくなります。

　多額の手数料を支払うと、手元に残された報酬は微々たるものとなり、顧問のお客様を増やさざるを得なくなってしまうわけです。

　いわゆる「薄利多売」を迫られることとなります。

　ひとり税理士として、薄利多売すべきでしょうか？
　経理のチェックも、申告業務もやっつけ仕事で行えるものではありません。
　私は、税理士業における一つひとつの仕事を丁寧に、大事に扱いたいと考えています。
　手に負えないほど多くの仕事を受けて、一つ一つの仕事への対応が雑になってしまうでしょう。
　私にとって、「税理士業は薄利多売に向かない」ものであり、「薄利多売が避け得ない結果を招く紹介会社は利用しない」という結論に至ります。

　もちろん、税理士業は原価コストのかからない利益率の高い商売であり、紹介手数料は仕事（顧客）を獲得するために必要なコストとみなすという考え方もあるでしょう。
　紹介会社を利用することで、営業をしなくてもすみ、「自分で営業する労力やコストを考えれば、紹介手数料なんて安いものだ」という考え方です。

　しかし、私の場合、紹介手数料が高いか安いかといったことはさほど問題ではありません。
　自分で仕事を得る力、営業力が身に付かないことのほうがよほど大問題です。
　私にとっての営業は、「相手に自分自身のことを伝えるために、

自分自身を見つめなおし、より効果的に自分のことが相手に伝わるよう努めること」を意味します。

　この鍛錬は、私にとって仕事の根幹であり、欠かせぬものです。

　このような鍛錬を日々積み重ねていくことにより、初めて、自らが望む生き方が見えてきますし、そこにたどり着くことができるのです。

　税理士紹介会社や会計ソフト会社などに頼るということは、営業力の鍛錬を怠ることを意味します。

　当座はその紹介で食べていけたとしても、税理士紹介会社が潰れたり、手数料が上がったりするかもしれません。

　そのような事態に対応できる力を自ら備えることが重要です。

　私が税理士紹介会社を利用しないのは、税理士業界のためでもあります。

　今後独立する税理士のためにも、税理士が紹介会社や会計ソフト会社から仕事を得る流れは断ち切りたいのです。

　独立当初、その紹介手数料は大きな負担となり、薄利多売を迫られます。

　税理士紹介会社などからの紹介に頼り、安易に食べていこうとせず、営業スキルを磨いていただきたいのです。

　当初は辛いと感じるかもしれませんが、そのほうが、後々きっと楽しむことができるでしょう。

　自身が提供したいこと、自身の軸、自身の性格とぴったり合うお客様からの依頼に基づく仕事はこのうえなくありがたく、楽しいと

感じられるものだからです。

　税理士紹介会社からそういった依頼があるでしょうか？
　あったとして、持続可能なものでしょうか？
　再現性はあるのでしょうか？

　それぞれが、日々営業スキルを磨くことで、自らが望む人生を歩める世の中にするためにも、私は税理士紹介会社を利用しません。
　自分が食べていくことも大事ですが、税理士業界や社会にどのような影響を与えるか、ということも考えて行動しましょう。

　楽ではありませんが、独立後がより楽しくなります。

ネットで営業するか悩んだ
ときに生じるギモン

4 今の時代、ネット営業で結果が伴うものなのでしょうか？

最初から結果が保証されているものなどありません。
日々の発信が最低限必要です。

❦❦❦❦❦❦❦❦❦❦❦❦❦❦❦❦❦❦❦❦❦❦❦❦

　私はお客様との契約に至る過程を、
・リアル営業（実際にお会いする）
・ネット営業
・紹介
の３つに区分しています。

　紹介は第三者からお客様を紹介してもらうため、最も楽かもしれませんが、断りにくい、後々解約しづらいというデメリットもあります。
　基本的には、リアル営業かネット営業がおすすめです。
　私は、リアル営業における「自己紹介からサービスの説明、売り込み（アピール）、成約（クロージング）」という流れが苦手なので、ネット営業を中心に行っています。
　とはいえ、ネット営業も決して楽ではありません。
　私の場合、ネット営業に6000日ほどを投資し、成果が出ないときでも続けたから今があります。

　結果が出るかは自分次第、時の運です。

　時の運というのは確率の問題でもあり、うまくいく数を増やしたいなら、母数、つまり手数を増やすしかありません。

　得意であればリアル営業でもかまいませんが、手数が必要なのは同じです。

　「自分は営業が苦手」と考えている方は、たいていリアル営業に対する苦手意識をお持ちなのではないでしょうか。

　であれば、ネット営業に取り組んでみましょう。

　私は今ではネット営業しかしておらず、紹介も受けず、商談も一切しませんが、独立当初はネット営業に加え、紹介も受けており、商談もしていました。

　最初のうちは入り口を絞らず、すべてを試しましょう。

　ただ、もし、ネット営業で結果を出したいのであれば、覚悟して取り組むべきです。

　毎日の発信による営業は必要最低限で、必ずしも結果が伴うとは限りません。

　それでもネット営業を選ぶ覚悟があるか、ということです。

5 ホームページは必要ですか？

> 見知らぬ商品をホームページがないところから買いますか？　私は買いません。

　ホームページが必要かどうか。

　何かを買おうと思ったときに、ネットで検索して、

・ホームページが出てこない

・ホームページが古い

といった事態に遭遇したら、どう思いますか？

　私なら、「大丈夫かなこの商品？」と感じて、買うのをやめます。

　口コミや紹介の場合も、ホームページがなかったり、古かったりすることを理由に、せっかくのチャンスを失っている可能性もあります。

　インターネットでご自身の名前を検索すると、どんな情報が出てきますか？

　自身の名前で検索して、中身のある情報が出てこない、あるいは税理士紹介会社による自分の登録情報を紹介するページが出てきたりしていないでしょうか？

　ご自身の知らぬ間に、税理士紹介会社などが税理士会の名簿から

勝手に情報を取得し、インターネットに掲載しているケースもあるので注意が必要です。

　もちろん、ホームページがなくても食べていくことはできますし、必須というわけではありません。
　推測するに、税理士事務所・法人のうち、ホームページがあるのは、４割ほどです。
　きちんと更新されたり手入れされているホームページでいえば、その数はさらに減ります。
　そのような状況でも、税理士は食べていけるのです。
　こうした状況は今後も変わらないでしょう。

　ただ、ホームページがないこと、ネットで自分の名前を検索しても、相応の情報が出てこないことを、ご自身がどう感じるかです。
　私は、恥ずかしいと感じます。

・経歴だけではないプロフィール
・今を表現したプロフィール写真
・メニュー（値段と内容）
・依頼フォーム
　を備えたホームページまたはブログをまずはつくりましょう。

6 　ホームページとブログは分けるべきでしょうか？

私はホームページとブログを分けています。メリットを感じているからです。

❦❦❦❦❦❦❦❦❦❦❦❦❦❦❦❦❦❦❦❦❦❦❦❦❦❦❦❦❦❦

　私は2007年に独立した当初、ホームページは半分を外注して作成（それが当たり前の時代でした）し、ブログはアメブロ（アメーバブログ）を利用して始めました。

　ホームページの作成を外注したのは大失敗で、その後、2011年に、どちらもWordPressというプラットフォームを用いて自前でつくり、今日に至っています。

　その際、ホームページとブログを一体にすることもできましたが、そうしていません。

　ホームページとブログを分けることのメリットを感じていたからです。

　そのメリットとは、

・ホームページとブログで対象とするお客様を分けることができる

・ブログには好きなことが書ける（「税理士事務所・税理士業務」にしばられない）

・ブログは収益化しやすい

といったものがあります。

　とりわけ、ブログを好きなように書けるのは大きなメリットといえ、そのメリットがあったからこそ、税理士業以外の柱をつくることができ、今日の私があるのです。

　ホームページとブログをわけるデメリットは、
・管理手数料（年2000円弱）がそれぞれかかる
・メンテナンス、管理の手間がそれぞれかかる
　ということくらいです。

　私はこれらのデメリットをさほど苦にしませんから、
・４つのホームページ（税理士事務所、オンラインショップ、相続、写真館）
・ブログ
　と５つのウェブサイトを運営しています。
　記事は、ブログは毎日更新、それ以外のウェブサイトは一定数まで更新し、必要があれば更新というスタイルです。

　税理士事務所としての記事はホームページに、雑感や私信など、それ以外の記事をブログに書き分ける方法もあります。
　ホームページとブログが一体になっている税理士もいれば、分けている税理士もいるため、質問者のように、どうすべきか悩んでしまうのでしょう。
　しかし、どちらでも成果を出している方はいらっしゃいますし、ホームページとブログが一体かどうかはさほど大きな問題ではありません。

7 ネット営業する上で無償の仕事はやっぱり必要ですか？

無償の仕事は必須だと私は考えています。今後も欠かすことはありません。

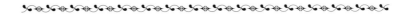

　未知のお客様から新たに仕事の依頼を受けるのに、「お試し＝無償」によるサービスの提供が欠かせません。

　自分の人となりや仕事ぶりを知っていただき、よいイメージを抱いていただくことで、将来的な仕事の依頼につながります。

　自分に自信があり、「頼んでさえいただければきっとよさをわかっていただける」と自負していても、最初の依頼を受けるのは簡単なことではありません。

　お客様も、初めての相手に仕事を頼むことにはためらいがあるからです。

　税理士が提供するサービスは継続的なもので、決して安い買い物ではなく、お客様にしても、いきなり買えるようなものではありません。

　そのような背景からも、無償のサービスの提供は欠かせないものです。

　しかし、同じ無償の仕事といっても、無償での税務相談には留意

しましょう。

　相談業務は1対1で時間と労力を要するものであり、広がりもありません。

　無償で提供するサービスとしては、1対多で広がりがあるものにしましょう。

　現状、次のようなものがあります。

・ブログ

・YouTube

・Twitter

・Facebook

・Instagram

・メルマガ

・Voicy

・Threads

　これらのサービスは無償ではあるものの、1対多で提供でき、仕事の依頼の可能性を広げることができます。

　先に挙げたもののうち、おすすめなのは、ブログとYouTubeです。

　それ以外の無償のサービスは、優先順位を下げても問題ありません。

　とりわけTwitter、Facebook、Instagram、ThreadsといったSNSは、手軽に投稿できる半面、蓄積されないメディアだからです。

優先順位が低いというだけで、不要というわけではありません。

それぞれのメディアの特色を理解して活用することで、それぞれ他のメディアと異なる出会いを得られる可能性が高まります。

ただし、それぞれのメディアに全く同じ内容の投稿をすることはやめましょう。

すべての発信を見てくださる方にしてみれば、全く同じ内容を目にするのは時間の浪費でしかありません。

私にとって「発信」という行為は営業的に欠かせない要素ですが、それだけではありません。

「発信」という行為は、「書くスキル」「話すスキル」を磨くことにもつながります。

税理士として「発信」を意識して取り組んでいる人は、私の見る限りごくわずか、30人ほどです。

「いっぱいいるのでは？」と思われた方も、発信している税理士の数を冷静に数えてみてください。

登録税理士の総数は約8万人と考えれば、意識的に「発信」に取り組んでいる人はほぼいないといっても過言ではありません。

違いをつくりたければ、無償サービスとなる「発信」を意識すべきです。

「発信」により自分を表現することは、相手に自分のことを伝える近道でもあります。

CHAPTER3

どのようなサービスを、誰に提供すべきか悩んだときに生じるギモン

8 サービスを提供する対象を「絞るべき」と言われますが、なかなか絞ることができません。どこに絞ればよいでしょうか？

　　　対象を絞るのは上級です。まずは絞らないようにしましょう。

　独立したての頃に、
「専門分野を絞りましょう」
「お客様を絞るべし」
などと助言を受けることがあります。

　もちろん、最初からそれができればそれに越したことはありません。
　ただ、絞るというのは、意外と難しいものです。

　税理士は多くの税目に同じように詳しいわけでなく、税目により、得手不得手もあることでしょう。
　それゆえ、法人税か資産税か、税目を絞ったほうがよいという考え方となり、対象についても、個人か法人か、などと対象を絞るという考え方をよく見聞きします。
　「絞るべき」とのアドバイスには、そのような思い込みが含まれるのかもしれません。

　私も今はさまざまな角度で対象を絞っていますが、独立した当初から直ちにそのようにできたわけではありません。
　絞ることによるデメリットもあり、見当違いであれば、一からまた出直さなければならなくなります。

　独立当初、まずすべきなのは、「絞る」ことの逆で、「広げる」ことです。
　中長期的には対象を絞ることを目指すにせよ、まずは広げることを考えましょう。
　広げた末に、絞るべき対象を探すのです。

　その対象も、税目であったり、法人の大小であったり、対象属性であったりさまざまで、「何を」対象とし、「誰を」対象にするかも含め、幅広い領域をテストしていきましょう。
　たとえば現在、私が得意としている「効率化」「Excel」や「IT」といった対象も、広げた結果、得られた対象であり、領域です。
　もし、最初から税理士業だけに領域を絞っていたら、決して見つけ出すことができなかったでしょう。

　「誰に」という部分では、「ひとり社長向け」のメニュー（値段や内容）もそのようにしてたどり着いたもので、対象を「中小企業の社長」だけに絞っていたら、生まれることのないメニューでした。

　対象を広げる過程で、その一部をあえて外していくことも重要です。

私は、経理担当者、独立が視野にない会社員の方などは、対象としていません。

　「広げる」から、「絞る」という試行錯誤を繰り返していきましょう。

　「絞るべき」というステレオタイプのアドバイスは大多数に向けられたものであり、少数派であるひとり税理士にはそぐわないものです。

9　大きな会社ではなく、小規模な事業者を税務顧問の対象にしたいと思いますがどうでしょうか？

よいと思いますが、パイは小さいことを覚悟すべきでしょう。

　近年、対象として掲げる事業者を、いわゆる「中小企業」でなく、
・小規模事業者
・フリーランス
・小さな会社
などを掲げる税理士が増えてきています。

　対象とする事業者の規模が小さければ、仕事量やリスクも相対的に小さくなるため、ひとり税理士であればなおのこと受けやすい、という側面があるからです。

　そのような小さな規模の事業者の場合、そもそも税理士と契約していないケースが多く、顧問契約を狙うチャンスといえます。

　しかしながら、必要がないから顧問税理士を雇わなかったということでしょうから、税務顧問を希望して、適切な顧問料をお支払いいただけるか、その可能性は低いでしょう。

　可能性はゼロではありませんが、パイは小さいと考えるべきです。

「税務顧問」を中心に据えるのであれば、いわゆる「中小企業」

と呼ばれる規模感の事業者（目安として売上5000万円以上）を対象に
したほうがよいでしょう。
　私の場合、「税務顧問」を中心としているわけではないこともあ
り、前述した小さな規模の事業者を対象にできているのです。

　「個人事業主専門」で行くことも不可能ではありませんし、現に
そのように活動されている方もいらっしゃいます。
　ただ、この領域もパイは小さいので、心してかかるべきです。

　私の提供している「ひとり社長向け」のサービスも、「ひとりで
仕事をして、ご自身で経理をしたい」という方に向けたものですが、
パイは、大きくありません。
　「ひとりで仕事をして」という要件に加え、「ご自身で経理をした
い」と希望される方はさらに少なくなるからです。（記帳代行からす
べて税理士におまかせ、という方が大半でしょう）

　小さなパイを対象としてそれを貫けるか否か、今はパイが大きか
ったとして、今後小さくなっていったときでも初志を貫けるか。
　パイを意識しつつも、自分の軸を貫けるか否かということが、何
より大事です。

10 資産税を得意としていますが、小規模な法人や事業者も対象にしたいと考えていますが、どうでしょうか?

営業を行う際に対象が分散し、非効率的になるため工夫を要します。

ひとり税理士として独立した後、資産税を専門とするケースもあり得ますが、そのような場合、多くの方は資産税に加え、少数の税務顧問による法人税務も扱う組み合わせ（資産税＋税務顧問」を選ばれています。

・単発だが高い報酬を得られる資産税
・継続性があり、安定的な報酬を得られる税務顧問
　この両者の組み合わせは、好ましいといえるでしょう。

　しかし、この「資産税＋税務顧問」を組み合わせたスタイルでいく場合には、発信の方法や内容を工夫する必要があります。
　資産税は相続に関係する個人のお客様、税務顧問は事業を行う法人・個人が対象です。
　営業を目的とした発信においてその対象が複数ある状態は、伝わる力が分散します。
　伝わる力が分散しないよう、複数のホームページでそれぞれ対象を分ける、あるいはホームページやブログを対象別に分ける、さら

には対象によってメディアを使い分けるといった工夫が必要です。

　一般的に「確定申告（所得税）」は「法人」には関係ないため、事業を行う「法人」と「個人事業主（フリーランス）」を同時に対象とした場合にも、同様の懸念が生じます。

　「事業承継」や「自社株の評価」といった視点で捉えれば、「資産税＋税務顧問」という組み合わせにおいて、対象を同一とすることも可能かもしれません。

　対象を同一にしたほうが、発信の効率は上がります。

　私の場合、「独立してひとりで仕事をしている人」を対象として限定しているため、発信効率が高められるのです。

　このような絞り込みの結果、会社員や雇い主（人を雇っている方）、経理担当者などは直接的な対象としていません。

　前述したとおり、最初から対象を絞りすぎず、まずは広げていきましょう。

　メインとする発信対象を定め、サブとする対象への発信は減らすなど、発信方法や内容を工夫すると、反応も相応に変化します。

　発信に注ぐ力が分散しないよう、工夫してみましょう。

11 税理士受験生の役に立つことを発信したいと考えていますが、いかがでしょう。

ご自身の経験を踏まえることで発信しやすいテーマではあると思いますが、私ならやりません。

　税理士として独立し、経験に基づく有為なアドバイスを税理士受験生に向けて発信することは、すばらしいことです。

　ただ、それが必要なことであるかは、よくよく考えましょう。

　税理士受験生に向けて発信し、収益化できるメニューがあればよいのですが、ただ発信するだけでは売上にはつながりません。

　受験生向けの書籍を執筆したり、セミナーを開催することが売上につながると考えられます。

　「私は売上はいらない、趣味で受験生へ発信したい」というのであれば、売上につながらないことを手がけるのもよいでしょう。

　しかしながら、「発信」を通じて売上を立てていくことを考えるなら、受験生に向けた発信はさほど意味はありません。

　受験生向けのメニューをつくったとして、そもそも需要が少ないうえに、受験生ももっと他のことに、たとえば予備校の受講料や市販の定番テキストなどに、時間やお金を割くことでしょう。

その先の広がりも、あまり期待できません。

　私は、受験生を直接的に対象にせずとも、自分が税理士としてお客様に対峙し、発信しているその姿を見せることで、間接的に受験生のお役に立てると考えています。

　独立し、活き活きと楽しそうにしている税理士の姿を見ることは、受験生にとって勉強の励みとなるのではないでしょうか。

　逆に、さほど稼げず、つらそうな様子の税理士を目にしたら、勉強をする気が萎えてしまうかもしれません。

　直接的に発信せずとも、何か別の形で受験生に貢献できるのではないでしょうか。

　私は税理士向けに発行しているメルマガ「税理士進化論」でも、受験生に限定した発信はほとんどせず、独立後の自分の姿をお見せするように努めています。（Kindleで本を出したり、受験生に限定したイベントやオフ会などは催しています）

　Google検索にかかることもあるので、ブログ内の一つのバリエーションとして受験生向けのトピックを書いてもよいかもしれませんが、その頻度はコントロールしたいものです。

　毎日ブログを書くのであれば、受験生向けの記事は週に1回は多すぎで、月に1回程度が好ましいでしょう。

　今、「誰に」向けて自分は発信しているのか、また発信すべきであるのか、その方向性は常に見直すようにすべきです。

CHAPTER4

商談や問い合わせが依頼に
つながらないときに生じる
ギモン

12 問い合わせはあるのですが、依頼につながりません。問い合わせには、どう対応すればよいでしょうか？

問い合わせを減らしてみてはいかがでしょう。

　問い合わせを受けると期待感から高揚し、ドキドキするものです。

　基本的には問い合わせに対する回答次第でご依頼いただけるか否かが決まります。

　もちろん、問い合わせには懸命に回答されるのでしょうが、その後音沙汰なしといったことも少なくないのではないでしょうか。

　ことに、値段を公表していないと、値段を伝えた後、何の音沙汰もなくなるケースが多いものです。

　丁重なお断りの返信をいただく場合もありますが、問い合わせへの対応自体に疲弊します。

　かつての私がそうでした。

　その結果、「ネットからはろくな問い合わせがこない」という思い込みが生じ、ネットの可能性を捨て去るのはもったいない話です。

　私の場合、ネットからの問い合わせがほぼ依頼につながっています。

　より正確にいうならば、問い合わせ自体ほとんどなく、依頼の数

が問い合わせの数をはるかに上回っている状態です。

　これが私の想定した結果であり、望んだ結果でもあります。

　皆さんも、問い合わせをいただきたいわけではなく、依頼をいただきたいのではありませんか。

　私は、10件の問い合わせより、1件の依頼を選びます。

　発注につながらない問い合わせへの対応に時間を要して疲弊するのが嫌ならば、問い合わせ自体を減らせばよいのです。

　問い合わせではなく、ストレートに依頼をいただけるように工夫しましょう。

　問い合わせがあるということは、こちらについて、何かしら不明な点、疑問点が相手方にあるということです。

　ホームページやブログに値段の表示がない、わかりにくいといった不備がある可能性があります。

　値段を載せず、問い合わせの内容に応じて値段を変えたいと考える方もいらっしゃるかもしれません。

　しかしながら、相手にとって値段は依頼を決定する際、極めて大事な要素です。

　たとえ問い合わせをいただいたとしても、値段が引き合わなければ依頼に結びつくことは、まずありません。

　納得していただけるだけの説得力があるならよいのですが、そうでなければ問い合わせを受けるだけ無益です。

　相手の希望に添った値段に下げて依頼を受ける手もありますが、

交渉自体に疲弊します。

　また、直接ご依頼いただいたお客様については値下げせず、迷われるお客様には値下げして依頼を受けるというのは不公平です。
　最低限、問い合わせの多い項目について、ホームページ、ブログに反映し、問い合わせなしで依頼をいただけるように、内容を改善していきましょう。

13 商談後、「検討します」と言われたとき、どのようにあと一押しすればよいでしょうか？

商談そのものをなくすことを考えましょう。

「顧問をしてくださる税理士を探しています」といった問い合わせをいただいたり、お客様を紹介していただくと、まずはお会いして、商談となることが多いでしょう。

その後、「検討します」と言われることもあり得ます。

検討すると回答された場合、お客様は他の税理士ともお会いしているでしょうし、値段が想定より高いと感じていらっしゃる可能性もあるでしょう。

誰かに相談するのかもしれませんし、理由はともあれ、その場で決めることができないときに、「検討します」と言われることになるのです。

このようなときに、待つだけでなく、あと一押しすべきか否か。

私は、あと一押しはしないほうがよいと思いますし、私自身、お客の立場なら商談後に相手から一押しされたら、依頼することをほぼ決めていたとしても、覆す可能性が高いです。

しつこくされるのは好きではありません。

商談後に、お礼のメールをさらっとお送りする程度ならよいでしょう。

　しかしながら、私は商談自体をなくしたほうがよいのではないかと考えています。
　商談をして、その後、お返事をお待ちする、ということをなくせば、こういった一押しで気を揉まずにすむからです。

　私はネットで依頼を直接受けており、紹介を受けて商談することもありません。
　検討は、ご依頼いただく「前」にしていただくようにしています。
　したがって、私は検討の結果を待たずにすむのです。

　「商談もせず、会いもせずに依頼ができるのか、お金を払う気になるのか？」、という疑問が生じるかもしれませんが、私はその判断材料となるものを、ネット上で提供しています。
　そのための発信であり、発信により商談をなくすことができるのです。

　もちろん、提供するサービスのメニュー（値段や内容）も掲げておきましょう。
　値段（価格）についても事前に検討していただけます。

14 問い合わせや商談後に見積もりを出すと、いつも断られます。値段が高いのでしょうか？

見積もりを出さずに済む方法を考えましょう。

　仕事の依頼について、お支払いいただきたい対価の額（値段）をお客様に示す見積書、そこに記載された金額が「高いな」と思われれば、断られるでしょう。

　「高い」という受け止め方には、

　・お客様自身が考えていた額より高い

　・他で示された見積もり額よりも高い

と、２つの異なる受け止め方があります。

　商談後の見積もりの提示後に断られるケースには、値段以外の理由で断られるものもあるかもしれません。

　お客様にしてみれば、何か別の理由がある場合でも、見積もりを取ったうえで、値段でお断りしたと受け止めてもらうほうが気が楽な場合もあります。

　見積もり提出後の成約率は高めたいところですが、値段を安くすれば成約できるのか、また、値段を安くしてまで成約することに果たして意味があるのか、ということはよく考えるべきです。

独立当初、どうしても仕事が必要という状況であればやむを得ないかもしれませんが、値段という軸を安易に崩してはいけません。

　また、見積もりを出すこと自体に疑問を持ちましょう。
　私は独立当初は見積もりを出していましたが、今では出していません。
　見積提出後の成約率は低く、「値段が高いのだろうか」と考えたこともありましたが、そこが問題ではないということに気づきました。

　問い合わせや商談の後に見積もりを出すことが問題だったのです。
　事前に値段を出しておけば、見積りは必要なくなり、「見積りをつくる→送る→返事を待つ」という手間もなくなります。
　ネットでは、依頼のスピード感も求められるものです。

　見積もりをなくすことについては、
　・見積もりくらいきちんとしないと
　・オーダーメイドのサービスを提供したい
という考え方もあるかもしれませんが、実際の仕事に見合った見積もりの作成は、本当のところどこまで可能なのでしょうか？
　実際に仕事を始めてみないと、適正な値段がわからないこともあります。
　基本メニューを決めて、オプションを含め、値段を簡潔に示しましょう。

　私の場合、税務顧問では基本メニューを定め、それ以外の仕事についてはオプション料金を示しています。

　基本メニューで示したサービスで賄いきれないほどの量の仕事を依頼されたら……と不安になるかもしれませんが、そういった仕事の依頼は滅多にありません。

　見積もりを出すこと自体、やめてみてはいかがでしょうか？

仕事の依頼を受けるべきか
悩んだときに生じるギモン

15 経験したことがない仕事の依頼を受けたらどうしていますか?

その仕事が「できるか否か」ということより、その仕事を「受けたいか否か」で決めています。

税理士業に限らず、経験したことのない仕事を手がけることにはリスクがあり、お客様に迷惑をかけてしまう可能性もあります。

このような場合、私はその仕事ができるか否かということより、自分がその仕事を受けたいか否かを重視します。

ひとり税理士として独立するまでに、すべてのことを経験することはできません。

むしろ、独立してから未経験の仕事の依頼を受けるのは当然と考えるべきです。

いつまでも未経験の仕事の依頼は受けないと決めていたら、自分の可能性をも閉ざすことにもなります。

異なる仕事に見えても、仕事というものは、何かしら共通項があるものです。

未経験の仕事であっても、経験したことのある仕事との共通項を活かすことはできます。

たとえば、

・お客様の要望をお聞きし、課題や問題点の所在を明らかにする
・提供できる価値を示し、値付けする
・お客様の課題や問題を解決する
という共通項（共通的なプロセス）は変わりません。

　そして、どのような仕事であっても全力を出すという点も本質的に変わらないものです。
　私は経験したことがない仕事であっても、自分がお受けしたいと考えた仕事は積極的に受け、全力で取り組んでいます。
　経験のない仕事への取り組みは、最高の鍛錬です。

　独立すると、未経験の仕事を手がけるべきか、判断を要するシーンは山ほどあります。
　自分で考え、判断し、解決するようにしましょう。
　自分で判断できるようにならなければ、お客様に対して血の通ったアドバイスができるようにもなりません。
　ＡＩのようなアドバイスをしないようにしましょう。

　もちろん、未経験の仕事を受けることにリスクはありますが、「独立する」とはそういうものです。
　未経験な仕事でも、その仕事について調べる方法はいくらでもあります。

　私は、わからないこと・経験のない事例を受けないようにするリスクヘッジとして、仕事の範囲を絞っています。

仕事の範囲を絞っていないと、経験のない事例も当然多くなるものです。
　広く浅くではなく、一定の範囲を深く掘り下げるようにしてみましょう。

　もし、リスクヘッジするなら、値段を下げることも考えられます。
　ただ、値段を実際に下げるというよりも、取り組む時間や打ち合わせ等の時間を増やすほうがおすすめです。
　値下げはかんたんにできるものであるがゆえに、頼らないようにしましょう。

　その仕事は、あなたがしたいものですか？

　もし、まったくしたくない仕事であれば、自分の営業・発信の方向性がずれているということになります。
　私も昔は、方向性がずれている仕事のご依頼をいただいていました。
　今はそういったことはありません。
　自分を発信して表現しているからです。

　ただ、経験したことがない仕事をするのも鍛錬。
　私は、自ら経験したことがない仕事もしています。
　セミナー自主開催もそうですし、YouTubeもそうでした。
　経験したことがない仕事が問題なのではありません。
　望まない仕事・できない仕事が問題なのです。

16 得意ではない税目の仕事の依頼があったらどうすればよいでしょうか？

その仕事に興味があれば受けてみるべきです。

　税理士といえど、得意とする税目、そうでない税目があるものです。

　法人を主たる顧客として税理士業を営んでいる場合、資産税はあまり得意でないということは珍しくありません。

　得意でない領域は手がけないというのも1つの方法で、依頼をいただいたときにお断りするというのも礼儀です。

　あるいは詳しい税理士を紹介するということもできるでしょうが、法人の顧問先で資産税の案件が生じた場合には、そういうわけにもいきません。

　逆に考えれば、法人顧問のお客様でそうした案件が生じた場合、資産税に取り組んでみるチャンスともいえます。

　その際、資産税を専門とする同業の助けを借りる、あるいは部分的にお願いしたり、教えていただくのもよいでしょう。

　株式や土地の評価についてのみお願いするということもできます。

　相談窓口を設けている同業者にお願いしましょう。

　また、友人や知人の税理士にお願いする場合でも、有料でお願いすべきです。

そのほうが、お互い気兼ねがなく、全力で取り組むことができます。

　得意ではない税目や領域の仕事の依頼を受け、経験することで、苦手意識をなくせるかもしれません。
　自分が年齢を重ねるにつれ、周りの方の年齢も上がり、資産税にかかる案件は増えていく可能性もあります。

　資産税を一例に挙げましたが、
・資産税中心で、法人や個人事業主を対象とした税務は苦手
・法人顧客に関する税務中心で、個人事業主を対象とした税務は苦手
・大企業の税務顧問の経験はあるが、中小企業を対象とした細かな計算事務は苦手
・事業所得に関する税務上の取扱いには明るいが、譲渡所得についてはよくわからない
・国内の税務は問題ないが、国際税務はよくわからない
といったことはあるでしょう。

　その領域の仕事を今後も手がけたいと考えますか？
　もしそう考えるなら、チャレンジしてみるべきです。
　一方で、何の考えもなしに、依頼があれば何でも引き受ける、というのは好ましくありません。
　私は手がけないと決めている税務の領域があります。
　興味がないからです。
　得意でない税務領域の案件に直面したときにどうするか、よく考えましょう。

17 報酬は高いものの、軸に合わない仕事の依頼を受けたときはどうすればよいでしょうか？

お金よりも軸が大切です。私ならお断りします。

　仕事の依頼で、お引き受けするか否かの判断に困るのが、条件のよい仕事。

　自分の軸に合わないが、依頼主はよい方で、報酬もよい仕事、これを引き受けるべきか否か。

　判断に迷うなら、その仕事を受けないと食べていけないか、断っても食べていけるかどうか、冷静に判断しましょう。

　食べていけないのに、軸が大事などと言ってはいられません。

　ご自身の財務状況によって、受けるべきか否か、判断が異なってくることでしょう。

　しかし、売上がゼロであっても守るべき軸が私にはあります。

　具体的に挙げると、

・保険代理店はしない

・税理士紹介会社を利用しない

・テレアポはしない

などということです。

幸いなことに、今のところこれらの軸は守ることができていますが、今後も油断は禁物です。

今であれば多少は余力があるので、軸に合わない仕事をお断りすることができます。

独立当初はそういうわけにはいきませんでしたし、今後もそうも言っていられないときが来るかもしれません。

軸に合わない仕事をお断りできるくらいの財務状況を、保ちたいものです。

ひとり税理士であれば、人件費や家賃といった固定費を省くことで、良好な財務状況を保ちやすくなります。

私にとって良い財務状況とは、１年間売上がゼロであったとしても、なんとかやりくりが可能な状況です。

つまり、

・多少なりとも蓄え（お金）がある

・営業を続け、仕事の依頼をいただける流れが確立している

ということです。

ストックとフローの両輪がかみ合って、初めて、よい財務状況を生み出します。

こうした基盤が確立することで、「依頼を断る基準」を変えていくことができるのです。

18 安いものの、受けたいと思える仕事があったとき、お受けすべきでしょうか？

私の場合、受けたい仕事であるからといって、安い値付けをすることはありません。

〜・〜・〜・〜・〜・〜・〜・〜・〜・〜・〜・〜・〜・〜・〜・〜・〜・〜・〜・〜

　受けてみたいと考える仕事の依頼があった場合でも、安いときは、どう判断すべきか。

　時間的に余力があり、食べていくことができていれば、お受けする余地もあるでしょう。

　その仕事が「自分で値付けしている仕事」か、それとも「自分で値付けをしていない仕事」かによっても、判断は異なってきます。

　自分が値付けをしている仕事で、設定を下回る安価な依頼を受けるということは、値下げするということです。

　受けたい仕事だからといって、値下げをするのが正解か否か。

　難しい判断ですし、その時々の財政状況によっても判断は変わってくることでしょう。

　もし、依頼のあった仕事が継続的な仕事、たとえば顧問契約であるなら、短期間の値下げとし、当初の3か月はその値段でお受けする方法もあります。

　私は、2社までは値下げして受けてもよいと決めていた時期があ

りましたが、その後は値下げをしていません。

　当時、値下げ後の値段で1年間続けることにしたのは失敗だったと感じています。

　毎月の顧問料を12か月値下げするのは、金額も大きくなり、モチベーションの面からもよくありません。

　「本来の値段ではない」と感じながら仕事をする期間が1年間というのは長すぎました。

　また、自分が値付けをしていない仕事について、安価な依頼があった場合はどう考えるべきでしょうか。

　まず、自分が値段を提示していない仕事であれば、安価な依頼があることはやむを得ません。

　受けたい仕事に値付けをしていないということが問題なのです。

　自分が受けたい、やってみたい、経験を積みたいと考えている仕事であれば、自分なりに値付けを行い、これを明らかにしておきましょう。

　「適正に値付けされた受けたい仕事」を外部に向けて示してある状態が理想的です。

　ひとり税理士である以上、そのような状態を目指さなければなりません。

　受けたい仕事で適正な報酬を受けることができると考えたら、ワクワクしてきませんか？

　今、すべての仕事で私はそのように感じています。

　受けたい仕事に値付けがされていないという事態は避けましょう。

　受けたい仕事について、モニターとしてサービスを無料で提供する方法もあります。
　しかし、モニター期間を長くしすぎたり、対象を広げすぎないように気を付けましょう。
　モニター期間が１年もあったり、あまりにたくさんの方へ提供したりするのは好ましくありません。
　100人に無料でモニターを行うことよりも、たとえ１人であっても有料サービスを提供できる状態を目指しましょう。
　有料の仕事は、無料で提供するサービスとは緊張感が全く異なりますし、自身の鍛錬にもつながります。

　なお、講演や出版などの税理士業以外の柱として行う業については、実績として掲げることを目的とする側面もあり、ある程度は採算度外視で受けてもかまいません。
　おもしろそうだと感じればお受けする、無料であっても、後に仕事に好影響をもたらす仕事であればお受けする、といった判断をしたいものです。

19 新聞や雑誌、テレビなどの取材依頼があったとき、どのような基準でお受けするか決めていますか？

取材料を要求してくるようなものは一切受けません。お受けすることで自分の価値が上がり、担当者と気が合えば、お受けするようにしています。

　講演や出版、執筆の依頼と同様に、取材に関してもお受けした結果、自分の価値が向上する話であれば、お受けするようにしています。

　取材の結果、自分の名前が出るか出ないかということも、重要な判断材料の1つです。

　取材は無料であることがほとんどで、報酬があるとしても微々たるもので、さほど期待できません。

　取材を受ける手間を取る意味は、取材実績による結果的な宣伝効果や反響を期待してのものです。

　取材を受けても名前が出ないのであれば、実績として使えないので取材を受ける意味がありません。

　また、宣伝効果を理由に無料の取材を依頼されるケースもありますが、さほど影響力がないメディアもありますし、自分のブログで書いたほうがよいということもあります。

　こちらが費用を負担させられる、有料広告という位置付けの取材依頼もあり、気を付けなければなりません。

　宣伝効果はほぼ期待できないばかりか、「お金を払って取材を受けた」ということが周囲に分かってしまうので、逆効果でさえあります。

　また、何かの媒体で自分のコメントが掲載される場合、取材後に文章をチェックできるか、必ず確認しましょう。
　取材者によっては、こちらのコメントをおもしろおかしく脚色したり、こちらの意図が伝わらない、正確でない表現を用いる場合があるからです。
　週刊誌や新聞による取材は最初から意図を含んでいる場合もあり、取材を受ける媒体の方向性に注意しましょう。
　テレビの場合、当たり前のようにコメントが編集されるため、より慎重に考えるべきです。

　取材を受ける際に留意すべき点は多々ありますが、自分の持ち味をうまく引き出してくれる良い取材も中にはあります。
　取材を受けた場合には、講演や執筆、出版の実績と同様に、自身のメディア実績として積み上げていきましょう。

20 依頼主を怪しいと感じたらどうしますか?

直感的に「怪しい」と感じた時点でお断りするようにしています。

「怪しい」と感じる理由はさまざまです。

たとえば、

・メールや依頼・問い合わせフォームに入力された内容や文章がおかしい

・報酬が高すぎる

・依頼主についてネットで検索すると、怪しい情報が出てくる

・依頼主が何を売っているか不明瞭

・依頼主がとても威圧的に思える

・依頼主の会社の雰囲気がよくない

といったことがあります。

　税理士だからといって、税務にかかる依頼があれば、何でも受けなければならないわけではありません。

　違和感を覚える依頼であれば、お断りすることも必要です。

　そのようなとき、私は自分の「直感」を頼りにしています。

　私の場合、第一印象で決めたことに、ほぼ間違いはありませんで

した。

　万が一、間違いであったとしても、仕事を１つ失うだけのことです。

　もし違和感があるまま引き受けて、後々何か問題が起きたなら、損失はもっと大きなものになることでしょう。

　皆さんも、これまでの人生で直感が当たった経験があるのではないでしょうか？

　ある仕事の依頼について、依頼者に初めて会ったときに、その依頼を受けるべきか否か、何かしら試すことができるとよいのですが、なかなかそうはいかないものです。

　そのようなお試し期間を設けられない以上、ある程度、お会いした後、瞬時あるいは短時間で判断を下すしかありません。

　とりわけその依頼が税務顧問の依頼であった場合には、依頼を受ければ、依頼者とはその後、税務顧問としてずっと付き合いが続くことになるため、慎重な判断が求められます。

　もちろん、その後、会社のデータを見せていただいたり、複数回お会いするなどして、慎重に確認してから判断を下すのもよいでしょう。

　私は基本的に最初の直感を信じるようにしているので、
「怪しいな」
「なんだか合わなそうだな」
と感じたら、お断りすると決めています。

　損をする場合もあるでしょうが、違和感を覚えたまま契約し、あ

とで大変な思いをすることに比べたら、たいしたことではありません。

　直感に頼ることで生じる損を割り切れるか否か、ということですが、直感を頼ることで得たものもあるはずです。

　私はそう信じています。

　人生に迷いはつきものですので、「決め打ち」することもときには必要です。

　覚悟を伴った決め打ちができると、迷いはぐっと減ります。

　今、私には怪しげな依頼はありません。

　他者からの紹介に依らず、自ら受けたい仕事について、その入り口をきちんと整えているからです。

　「怪しい」仕事の依頼がある場合には、まず、依頼の経路を見直しましょう。

　仕事の依頼の入り口を少しずつ整備することで「怪しい」仕事の依頼が減り、お断りすること自体、しなくて済むようになります。

　ホームページで品行方正かつ行儀よく、誰にでも受けの良いことばかり書いていると、「怪しい」仕事の依頼が入りやすくなるのです。

　気をつけましょう。

CHAPTER6

顧問料報酬以外の収入の柱をどうすべきか悩んだときに生じるギモン

21 税理士として、顧問契約以外の仕事の選択肢は想像がつきません。必須でしょうか？

必須ではありません。気になるなら1円でも売上を立ててみましょう。

ー・ー・ー・ー・ー・ー・ー・ー・ー・ー・ー・ー・ー・ー・ー・ー・ー・

　ひとり税理士として選択可能な顧問契約以外の仕事には、単発の相談やセミナー開催、各種の執筆（雑誌記事、出版）などが考えられます。

　お客様側によっては、顧問税理士に毎月顧問料を支払うことに抵抗感があるのは確実です。

　お客様側が必要とするタイミングで税務相談の依頼を受ける、単発（スポット）の相談業務も増えています。

　独立したての方が税理士と顧問契約を結ぶのは、金銭的にも難しいことでしょう。

　経営者の中には何年も悩みつつ我流でやった結果、間違ったやり方だと後から気づくようなケースも多く、そのような方の助けとなるように単発の相談を提供しています。

　経営者が初めに知っておくべきことは会計や税務、経営など多岐にわたり、そうした事柄を税理士に単発で相談できれば事業の助けになることでしょう。

　また、税理士としての知見を活かし、執筆やセミナーを行うこともできます。

　書いたり話したりすることで、自身の知識や見識を活用できる場を増やすのも一計です。

　顧問契約によるサービスは1対1で提供するものですが、顧問契約以外に私が確立した仕事の柱は、1対多でサービスを提供することもできます。

　すなわち、執筆やセミナーによる発信により、100人、1000人、1万人、10万人単位で人のお役に立てるのです。

　顧問契約でいくら件数を増やしても、そこまで多くの方にサービスを提供することは難しいでしょう。

　また、顧問契約を結ぶと収入は安定するものの、継続期間が長期にわたるが故のデメリットもあります。

　顧問料は長期継続して払い続けるものなので、お客様から安くしてほしいと言われることもあるでしょう。

　軸に合わない、あるいは好きになれない仕事やお客様であったとしても、長期間付き合い続けなければいけません。

　決算時期には事務作業に拘束されて時間も奪われ、自由度も失われます。

　一方で、顧問契約はお客様に継続的に価値提供できるのがメリットです。

　リスク分散という観点からは、ご自身の仕事のすべてを顧問契約によるものとせず、その比率を下げることを考えてみましょう。

22 税理士業以外の仕事もしてみたいと考えています。どのようなタイミングで始めるとよいでしょうか？

私であれば、思い立ったら直ちに手がけます。

　人生は1周回であり、税理士として周回しているこの周で終わりであって、2周目、3周目はありません。

　この周で、したいことはやっておくしかないのです。

　税理士業務以外にしたいことがあれば、すぐに少しでも手がけてみましょう。

　ネットで検索して調べたり、本を読んだり、詳しそうな人に聞いてみるといったアクションをすぐに起こさないと、この周回はすぐに終わってしまいます。

　税理士だからといって、税理士業だけをしなければならないわけではありませんし、税理士だけが人生のすべてというわけではありません。

　税理士業をはじめ、すべての仕事のお客様へ迷惑をかけない範囲内であれば、何をするのも基本的には自由です。

　税理士業以外の仕事をすることを快く思われない可能性もありま

す。

　契約解除となる場合がありますが、それは税理士業に専念していても起こり得ることです。

　本書執筆時現在、私は税理士業務以外に次のような柱となる仕事を持っています。
・セミナーや講演
・本の出版
・記事の執筆
・Kindle出版
・YouTubeでの動画配信
・メルマガの発行
・個別コンサルティング
・メールコンサルティング
・写真撮影
・講座

　どの仕事もこの人生の周回においてやっておきたいと考えたものばかりです。
　工夫次第で、人は自分で考える以上に多くのことを同時にできるもので、税理士業と他の業務の柱を両立することは十分できます。

　「税理士だから」という言葉で自分に制約をかけるべきではありません。
　また、「税理士業のかたわら」、「片手間」、あるいは「本業は税理

士」といった台詞も口にすべきではありません。

　そのような中途半端な意気込みで臨んでも、軸となることはありませんし、成果は出せないことでしょう。

　「本業」という言葉を封印し、税理士業にも、それ以外の仕事の柱にも、等しく全力で挑むべきです。

23 出版したいと考えていますが、何から始めればよいでしょうか?

まずはブログを書きましょう。そして本を読みましょう。毎日の習慣に取り入れることをおすすめします。

出版するには、まず、出版社から執筆の依頼をいただかなければなりません。

企画書をつくって出版社へ原稿を持ち込む方法もありますが、一筋縄ではいかないものです。

しかし、そういった方法論以前に、ご自身が本を書けるか、自問自答してみましょう。

本を書けるかどうかというのは、文章力もさることながら、本にするだけのネタを持っているかということが問題です。

本の執筆依頼があってからネタを準備する場合もあるかもしれませんが、そもそもネタがなさそうな人に執筆の依頼が来ることはありません。

本を出版したければ、日々、本に書けるネタを仕込んでおきましょう。

そして、ネット上にそのネタを出しておくのです。

私が出版に至ったのも、ほぼすべてブログがきっかけでした。

　ブログを毎日書くことで、出版することに一歩近づくことができます。

　もちろん、ただ書けばよいというものではなく、何かしら本につながるネタ、他者とは違うネタを書いていきましょう。

　ネタは意識して書き続けることで磨かれるものです。

　そもそも書き続けなければ、ネタを見つけることも、ネタをつくることもできません。

　さらには、本を書くのであれば、まず、本を読みましょう。

　他の方（税理士であろうがなかろうが）と自分との違いを確かめるために読むのです。

　私は自分が書こうと思っている分野の本については、入手可能なすべての本に目を通すつもりで取り組んでいます。

　その上で、今あるものとは違うもの（内容）を書くのです。

　自分で書こうと考えているものが、「今までにないすばらしい内容だろう」と自分で考えていたとしても、すでに同じような本が出ている可能性は十分考えられます。

　たとえば、経理や税金（会計や税務）に関する本はやまほど出版されていますので、数多の類書の中で、明確な相違を出せるかどうかが課題です。

　出版の依頼を待つばかりでは物事は動きません。

　鍛錬は、いくらしても足りることはありませんし、日々怠らないようにしましょう。

　「本が出せたらいいなぁ」という程度の気構えで出版が実現することはありません。

24 本を書く時間を取ることなど、想像もつきません。どうやってそのような時間をつくればよいでしょうか？

そのような時間が取れるか、想像しても仕方ありません。

❦❦❦❦❦❦❦❦❦❦❦❦❦❦❦❦❦❦❦❦❦❦

　海で泳ぐ前にそのことをいくら想像しても意味がなく、実際に海で泳いでみなければわからないのと同じことです。

　してみてはじめて、それが「どれだけ大変」か、あるいは「思ったより楽」なのかがわかります。

　本を書く時間が取れるかどうかということは、本を書くことが決まってから考えればよいことです。

　出版することが決まったら、全力で時間をつくりましょう。

　効率化スキルが高まるとともに、覚悟も定まります。

　お断りしたい、解約したいと考えている仕事があるならば、仕事の総量を見直すよい機会です。

　私が初めて本を執筆した2009年から2010年頃は、今ほど時間に余裕がなく、執筆は思うように捗りませんでした。

　2009年末に意を決し、執筆に時間を割くために仕事を減らしたのです。

　当時、苦労して生んだ時間的余裕が現在も活きています。

　本を書くという強制力が働いた結果、時間を得ることができましたが、強制力が働かずとも時間を捻出できればベターです。

　実際にはそううまくはいかないので、出版が決まってから動きましょう。

　時間が取れるかどうか心配するよりも、出版を実現させるためにできること、すべきことに取り組むべきです。

　毎日2時間程度、文字数で2000字から3000字のブログを書くと決めて取り組めば、本を書く際のイメージを持てますし、書くことの鍛錬も併せて行えます。

　私が書く本は7万字から10万字程度ですから、2000字のブログで換算すると、35から50本ほどの記事となります。

　さらに、執筆を依頼する編集者の立場で考えるなら、それなりに文章を書いて公表している方でなければ、依頼したいとは考えないことでしょう。

　編集によりある程度補えるとはいうものの、1冊を書き上げることができるかわからない書き手と付き合うことはリスクがあるからです。

　本を執筆するならKindle出版という手もあります。

　自ら企画し、本を出せるKindle出版からはじめるのもおすすめです。

　Kindle出版から通常の出版につながったこともあります。

断りきれなくて悩んだとき に生じるギモン

25 条件のよい仕事だと思うのですが、性格的に合いません。どうすればよいでしょう?

> 私はどんなによい条件であっても、合わないと感じる仕事は、自分にとってよい仕事ではないと考えています。

❦━━❦━━❦━━❦━━❦━━❦━━❦━━❦━━❦━━❦━━❦━━❦

仕事の良し悪しを判断する要素には、仕事内容とお客様というものがあります。

この二つの要素が揃ってこそ、「よい仕事」です。

「楽な仕事で報酬もよい」という仕事があったとしても、お客様と合わなければ、私はよい仕事だと思いませんし、続けることはできません。

過去にお受けした仕事で実際にそう感じたことがあり、苦渋の決断でしたが、継続をお断りしたこともあります。

そのときに下した決断が、その後、自分の軸となっていきました。

自分の決断が、その後の自分の確たる軸となるのです。

その決断を下せるか、その決断に気づくことができるか。

私たちは、多くの場合、決断すべき時にそのタイミングを逃しています。

また、すばらしい決断を下したのに、そのことの意味や価値に気づけておらず、その後の指針として活かしきれていないのは、もったいないことです。

　自分の軸を形作るのは、他人がもたらす軸や決断ではありません。
どこまでも、自分で下した決断が、自分の軸の素地となるのです。

　これまでに自分がどんな決断を下してきたか、ぜひ、言語化して
みましょう。
　私が毎日ブログやメルマガを書き、YouTubeで話すなど日々表
現を重ねているのは、そのような言語化のためでもあるのです。
　これだけ自分を言語化してはじめて、自分自身のことに気づくこ
とができるのです。

　自分の考え方や好みなど、自分自身を知ることができれば、自分
の行動を定義したり、自分自身をコントロールすることができるよ
うになります。
　そのような定義や規律に照らし合わせることで、ある仕事や人が
自分にとって「合う・合わない」ということが、より明瞭になるの
です。
　それらは「軸」といえるもので、少しずつ磨き、固めていきまし
ょう。
　自分の軸を定めることなく、ある仕事や人が「合う・合わない」
などと判断することはできません。
　まずは、自分自身を知ることから始めましょう。

　自分の軸が定まり、自分にとって「合う・合わない」ものがなん
であるかが明確となれば、仕事を選ぶこともできますし、性格的に
合わない人からの依頼を断ることにも迷いがなくなります。

26 紹介を受け、断りにくいとき、どうしていますか？

私の場合、そもそも紹介を受けないと決めており、断りにくいことはありません。

　紹介を受けるのであれば、せめて依頼内容が自分に合うものかどうかは判断するようにしましょう。

　紹介者にもよりますが、多くの場合、紹介による仕事は自分に合ったものである可能性は低いといえます。

　紹介者がこちらの仕事の方向性やスタイル、あるいは紹介していただく方との性格的な相性まで考慮してくれていることは、まれだからです。

　また、紹介すること自体が紹介者にとってメリットであるものは、特に注意しなければいけません。

　「紹介するから安くしてあげて」などという紹介を受けた場合も要注意です。

　紹介を受ける場合でも、その仕事を始める前、できれば初回の打ち合わせ時に、依頼の条件や仕事内容などについて、必要であれば軌道修正しましょう。

　「紹介だから」とためらってはいけません。

　むしろ、紹介であるからこそ、条件や仕事の依頼内容の確認が必要です。

　紹介だからといって無条件に引き受けていると、判断を誤ります。

　もし、その紹介された仕事が半永久的に続く顧問契約であれば、その後ずっと悩みを抱えることになるかもしれません。

・紹介だから断ることができない、解約できない

・紹介だから安くする

・紹介だから強いことをいえない

といった遠慮から生じる負の連鎖を、しっかり断ち切るべきです。

　紹介を一度断ると、その後、その紹介者からの紹介はなくなるかもしれません。

　しかし、それが怖くて断ることができないというなら、それこそ負の連鎖であり、断ち切るべきでしょう。

　自分のことを理解してくださっている方であれば、その後も紹介が絶えることはないものです。

　紹介によるこうした負の連鎖を断ち切るために、あるとき、私は紹介を受けないことに決めました。

　かくいう私自身、独立当初は人から仕事を紹介していただいていましたし、紹介を狙ってさえいたのです。

　士業の集まりに参加したり、金融機関に足を運んだりして紹介の口を探していました。

　その結果、仕事を紹介していただけましたが、仕事の内容も依頼

者との相性も、決して自分に「合う」ものではなかったのです。

　断りにくい紹介をなくす、または減らしていきましょう。

27 しつこく営業を受けたとき、どのように対処すべきでしょうか?

毅然として対処します。

✦•~•✦•~•✦•~•✦•~•✦•~•✦•~•✦•~•✦•~•✦•~•✦•~•✦•~•✦•~•✦•~•✦

　税理士は自ら営業するばかりでなく、営業を受けることもよくあります。

　税理士の商売は安定していて、お金があるというイメージを持たれているからです。

　それらの営業にいちいち丁寧にお付き合いしていたのでは、時間を無駄にします。

　興味がない話なら、きっぱりとお断りすべきでしょう。

　喧嘩腰になる必要はありませんが、遠慮する必要もありません。

　せっかく送ってくれたから、せっかく来てくれたから、せっかくメールして（電話して）くれたから、というような情けをかけるのはやめましょう。

　その気がないのに、気があるふりをするのは、相手にとっても失礼です。

　そもそも、これまでに受けた営業で、好ましいといえる話はあっ

たでしょうか？

　仮にあったとしても、「極めてまれ」といえるでしょう。

　ですから、営業を受けても「いい話」であることを期待すべきではありません。

　淡い期待を抱くと、営業を断る際に甘さが出てしまいます。

　時間だけ無駄にすることとなり、お客様に割くべき時間を割けず、結果的に迷惑をかけてしまう可能性があることを強く意識すべきです。

　プロとしてそんなことがあってはいけません。

　私は自分が受ける営業について、次のように対処しています。

・ホームページ等に設置する依頼フォームには、「営業お断り」である旨明記する

・ホームページ等に電話番号は掲載しない（電話を使わないという理由もあります）

・勝手に登録されたメルマガは速やかに解除する。すぐ解除できないメルマガについては、解除依頼の返信メールを直ちに送る

・売り込みのメールやメッセージは、基本的にスルーを徹底

・店頭での売り込みには絶対に乗らない

・ダイレクトメールはすぐ捨てる（しつこい場合、郵便物なら「受取拒否」と書いて投函、または、ホームページから連絡して止めてもらう）

・友人や知人から受ける営業は、情に流されず、内容のみで判断する

　ホームページなど、ネット上に設けた依頼フォームから受ける営業は、さらに踏み込んだ注意書きをしておくとより効果的です。
・税理士紹介会社
・保険会社
・人材紹介会社
等からの営業は受けないなど、具体的に記しておけば、ほぼブロックできます。

　営業により不快で嫌な思いをしたら、即、注意書きに追記するくらいの厳しさを持ちましょう。
　ガードが甘ければ、すぐさま営業のターゲットになると考え、備えるべきです。

　営業を断るたびに、
・自分ならこうする
・自分ならこうしない
・このような営業を受けると人は不快に感じるものだ
など、ためになる教訓を得られ、自分自身の営業に活かすことができます。
　反面教師として有効活用できるものの、時間が無駄であることは変わりません。
　営業を断る行為自体をなくすのが理想です。

値付けをするときに生じるギモン

28 提供するサービスの値段はどのように決めていますか?

値付けを考えることも仕事です。ある程度パターン化して値付けを行っています。

　値付けは迷うもの。

　当然だと思いますし、経験を積み重ねれば迷いがなくなる、ということもありません。

　値付けは仕事です。

　私は自分の仕事の対価、すなわち提供するサービスに値付けをしないことはありません。

　むしろ、値付けをしないことは仕事をサボること、手抜きです。

　自分の仕事に自身で値付けをしなければ、いったい誰がその仕事の値段を決めるのでしょうか?

　「この仕事の価値は10万円です」と、誰かが言ってくれるのを待つのでしょうか?

　「もっと安くしてください」と言われることはありますが、「もっと高くしてください」と言っていただけることは、まずありません。

　他人から提示される評価額は、こちらが提示した値段を下回るのが常であると考えましょう。

　値付けで心すべきは、「正しい値付けというものはない」ということです。

　値付けに正解はありません。

　自分で付けた値段で勝負するだけです。

　値付けは自分が考えるより高めに設定しておきましょう。

　そのようにすることで、持てる以上の価値を提供すべく、一層努力する気構えを持つことになるからです。

　自ら値段を下げ、後から「もっと欲しいなぁ」「割に合わないなぁ」などと考えつつ仕事をすることは、お客様に対して不義理ですし、スキルや知識を存分に発揮できなかった際に、自分に対する言い訳の口実を与えているにすぎません。

　迷おうが、悩もうが、値付けはする、と覚悟しましょう。

　お客様にしても、値段のわからないものを買いたいとは思いません。

　だからこそ、値付けは必要なのです。

　税理士の仕事は定量的なモノの量り売りとは異なり、仕事量を把握しきって値付けすることなどできません。

　それでも自分なりに考え抜き、パターン化を行うことで、値付けすることは十分できます。

29 「相場」が気になって値付けができません。

違いがあれば、「相場」より高いのは当たり前だと考えるべきです。

「相場」という表現は、税理士に依頼するお客様側からのみならず、依頼される側の税理士も口にする言葉です。

お客様からは、
・相場はこのくらいだから、もっと安くしてほしい
・相場よりも高い
・相場くらいですね
などと言われることがありますし、
同業の税理士からは、
・相場はどのくらいでしょうか
・相場より高いとダメでしょうか
・相場より少し安めにしています
といった意見や疑問を耳にします。

私自身、相場を話題にすることもありませんし、相場を気にすることもありません。
よくいわれる税理士の顧問料相場は、月2万円です。

　仮にこれが世間の平均的な相場だったとしても、税理士個々が提供するサービスにより、その価値に見合う対価はどのようにでも変わります。

　また、お客様によって価値の受け止め方も変わってきますし、相場など気にする必要はありません。

　同じ10万円を提示しても、高いと思われることもあれば、安いと思われる場合もあるということです。

　値段を提示する側がとやかく考える必要はありません。

　また、セミナーの参加費の相場は、1回（2時間程度）3000円という話もあります。

　オンラインであればもっと安くすべき、無料のセミナーが増えているから無料でないとダメだなどという話もありますが、値付けに正解はありません。

　自分の軸次第です。

　相場を気にしないのであれば、相場が落ちているから値下げしなければならない、などと考える必要はありません。

　「相場」などという、ありもしないものに漠然とした不安を抱くことをやめましょう。

　仮にいわゆる「相場」なるものがあったとして、その「相場」で提供されている仕事より、あなたの提供するサービスや仕事は劣っているのでしょうか？

そもそも、他の方との違いをつくるべくひとり税理士として独立し、日々鍛錬しているのではありませんか。

　他人から「相場より高いですね」と言われても動じずに、貫けるだけの鍛錬を続けましょう。

　そのように鍛錬を積んでいれば、あなたが提供するサービスが、「相場（平均）」より高いのは、当たり前のことなのではないでしょうか。

30 まだ自分に自信がないので安くしたいと思います。

せっかく独立しても「自信がない」ままなら、独立前に戻るべきでしょう。

〜・〜・〜・〜・〜・〜・〜・〜・〜・〜・〜・〜・〜・〜・〜・〜・〜・〜・〜

　独立後、自信を持つことは不可欠です。

　たとえ最初は自信が持てないとしても、自分自身を少しずつ磨き、自信を高めていく必要があります。

　独立したからには、「自信がない」などということをプロとして口にすべきではありません。

　自信がないまま舞台に立つなどということは、許されないことです。

　税理士として独立すれば、あなたは第三者からプロとみなされます。

　しっかりしなければいけません。

　もしまだ自信がまったくないままであるならば、独立前に戻るべきです。

　もちろん、その自信はあらゆることについて100％である必要はありません。

　ただ、ある部分については自分を信頼して任せてほしいと人に示

せるような自信が持てるよう、努力すべきです。

　自分が自信を持っているある部分について、しっかり自分自身を値付けしましょう。

　自分に自信がないという方も、これまで勤めていた当時と比較して、自分自身がそんなに劣っているとお考えなのでしょうか。
　そんなことはないでしょう。

　また、自信がないなら安くすればすむという話でしょうか？
　自信がないなら、本来、一銭も受け取るべきではないかもしれません。

　いずれにせよ、まず、食べていく必要があり、現実問題としてすべてを無料にしたり、すべてを安くするわけにはいきません。

　安くすることを考えるのではなく、適正な値付けを心がけるようにしましょう。
　そうすることで、自分に適度なプレッシャーがかかります。
　適度なプレッシャーを受け、その仕事に全力を注ぐことで、経験を積み重ね、強くなることができるのです。
　値付けを行わず、単に「相場」より安くするだけでは何一つ得るものはありません。

　「適正な値付けを行い、適正な値段で受けた仕事で切磋し、成し遂げることで自信を付ける」

　このようなプロセスを繰り返し、自分を鍛錬していきましょう。

　自信がないことを理由に安価、あるいは無料で受けた仕事を適当にこなしていたのでは成長はありません。

　自信を付けるためにも値付けをためらわないようにしましょう。

　ある領域の仕事を受けられない、断るということはあるかもしれませんが、「自信がない」という理由に依るべきではありません。

　「自信がない」のに仕事を受けることも避けるべきです。

　そもそも「自信がない」仕事の依頼があるということは、世に向けた自身の発信が足りないか、あるいはその方法論が間違っている可能性があります。

　今一度よく考え直してみましょう。

31 ひとりだとコストもさほどかかりませんので、安くすべきでしょうか?

ひとり税理士だからこそ、高いのです。

「ひとり税理士なのに、なぜそんなに高いのでしょうか」と、率直に尋ねられたことがあります。

「いいえ、ひとりだからこそ高いのです」と、私はお答えしました。

世間的には、規模が大きい税理士法人や会計事務所であれば高品質なサービスが提供され、料金も高いというイメージを持たれる方が多いことでしょう。

事務所の立地がよければよいほど、料金も高くなるというイメージもあるのではないでしょうか。

そう考えると、ひとり税理士は人件費がかからず、事務所家賃も安くなる、またはかからないため、安くできるということになります。

しかしながら、私は安くはしていません。

なぜなら、私が提供するサービスの値段は、家賃や人件費といったコストと直接的には関係しないと考えているからです。

逆に考えると、事務所を借りれば、高くできるものなのでしょう

か。

　人を雇っていれば、高くても受け入れていただけるかというと、決してそんなことはありません。

　値付けは、原価コストとの見合いで考えるべきものとそうでないものとがあります。

　たとえば寿司の値段は、ネタとなる魚の仕入れ値を考慮した値付けとなるでしょう。

　しかし、必ずしも原価コストを反映させなければいけないというわけではありませんし、原価分のほかに利益を乗せることもあります。

　利益を上乗せすることに、「あこぎだ」「ずるい」といったイメージを持つ方がいるかもしれませんが、決してそういうことではありません。

　自分が提供するサービスは、自分で好きに値付けをすればよいのです。

　ひとり税理士として日々鍛錬し、幾多のプレッシャーと戦い、困難な物事に対応しているのですから、安いわけがありません。

　大きな事務所を構え、家賃や人件費といったコストをいくらかけようが、

・日々の鍛錬が不十分
・目先の仕事に追われ、十分な下調べに基づいた判断が下せず、標準化された対応しかできない

・事務所のスタッフに仕事を任せきりで、自分で対応しない

といった状態であるならば、逆に値段を下げるべきではないでしょうか。

　税理士業は家賃や人件費といった原価を意識しすぎる必要はありません。

　仮に税理士として提供するサービスの基盤となるスキルや知識の習得に向けた鍛錬に費やした時間やお金を原価として換算したら、かなり大きな金額になるのではないでしょうか。

　資格取得までに費やした時間やお金も加味すれば、原価はさらに増えます。

　原価から値付けするのは不可能です。

　規模、原価（コスト）にかかわらず、値付けしていきましょう。

32 値上げをお願いすることはありますか?

原則として、私は値上げしません。

 ～ ～ ～ ～ ～ ～ ～ ～ ～ ～ ～ ～

　当初契約した顧問料、あるいは確定申告業務の料金範囲内での対応がどうしても厳しいと感じられる場合には、お客様と交渉することも必要になってきます。

　もとより、 3 ～ 6 か月等のスパンで料金の見直しを行い得る旨、契約当初にお伝えし、交渉の余地を残しておくようにしましょう。

　そこまでの頻度でなくとも、年更新ということにしておけば、見直すチャンスが一年に一度はめぐってきます。

　特に、ひとり税理士として独立し、軸が定まるまでの期間中は、自動更新による契約を極力避け、少なくとも年ごとの見直しを行えるようにしておきましょう。

　また、値上げしたい、報酬が見合わないと感じているのに我慢しすぎるというのもよくありません。

　自身のモチベーションを下げてしまうからです。

　もし、自分が何かを依頼した相手がそのように感じながら仕事をしていたとしたら、自分自身、あまりよい気はしませんし、「言ってくれたらいいのに」と思うことでしょう。

最初に話をよく聞いたつもりで顧問料を決めたとしても、フタを開けてみると思った以上に大変だったということは少なくありません。

　また、契約当初は対応できていたが、業務内容がだんだん増え、売上げの伸びに伴って仕事量も増える、といった事態もあり得ます。
　リスクヘッジとして、売上に連動した価格設定や業務単位を細かく設定したオプションサービスを準備しておきましょう。
　追加請求しにくいと感じる方は、タイムチャージによる料金設定をしておくのもおすすめです。
　私は、値上げより、タイムチャージで調整しています。

　ただ、値上げを考える前に、仕事量が多少増える程度であれば、業務効率化により対応することを考えるべきです。
　対応を類別、整理してルール化し、IT導入による効率化をまずは手がけましょう。

　税理士業は原価の高騰を値上げの口実とすることは難しく、ただ値上げしたいというだけでは、お客様に対してお願いしづらいものです。
　新メニューや追加メニューの導入により、結果的に値上げをすることもを検討していきましょう。

CHAPTER9

発信することの意義やその方法に悩んだときに生じるギモン

33 ブログは時代遅れといわれていますが、毎日書く必要があるのでしょうか？

ブログに限らず、「毎日」の習慣が、成果につながるものです。

❧❧❧❧❧❧❧❧❧❧❧❧❧❧❧❧❧❧❧❧❧❧❧❧❧❧❧❧❧❧❧

「ブログを書くのはよいけれど、毎日書くのは……」と思う方も多いでしょう。

私が開催しているセミナーへの参加を希望する方から、「参加したいけれど、毎日参加が条件だと難しいです」とおっしゃっていただいたこともあります。

ブログを毎日書かなくても、成果さえ出せていれば問題ありません。

しかし、私が知る限り、ブログで成果を出している方は、毎日あるいは平日毎日更新をされています。

ブログをときどき書くだけで成果につなげられている方は、他の営業手段やメディアによる複合的な成果です。

純粋にブログのみで成果につなげている方が少ないのは、ブログを毎日書いている方がそもそも少ないので、当然といえるでしょう。

さて、「毎日」という単位は、鍛錬の見地からすると最小の単位です。

　鍛錬するなら毎日したほうが上達も速く、熟練度が上がるのも速いです。

　年間で毎日なら365回、週に１回では50回程度、月に１回だと12回しか鍛錬できません。

　成果につなげるには量のみがものをいうわけではありませんが、それなりに量も必要です。

　量も質も大事であり、「量×質」が成果につながります。

　昔の私が書いた記事をご覧いただければおわかりいただけるでしょうが、自分でも恥ずかしくなるクオリティ（質）でした。

　多少ましになったのは、量をこなしてきたおかげと考えています。

　ブログに限らず、成果につなげたければ、まずは量をこなすべきです。

　税理士資格を取得できたのも、勉強の質はもちろん、それなりの量の勉強をしたからではないでしょうか。

　「毎日」という指標は自分にとっても、他人にとってもわかりやすいものです。

　毎日鍛錬に励む自分にとってわかりやすい努力指標であり、お客様や読者にもシンプルにわかりやすくその価値を伝えられます。

　毎日更新自体がネタになることもメリットです。

　何より、１つのことを長く継続できたという事実により、自信がつきます。

　「毎日」続けることに挑戦してみましょう。

34 ブログを始めても、途中でやめてしまう方も多いようですが、始めるべきでしょうか?

ブログを続けている方が多ければ、安心して始められるとお考えでしょうか?

　税理士で継続してブログを書いている方は、約8万人もの登録税理士中、30人ほどです。

　もし、登録税理士の半数となる4万人がブログを続けていたならば、安心してブログを始められるのでしょうか。

　ブログを書いている人が少ない、始めたもののやめてしまった方が多いということと、自分が始めるべきか否かということに、いったいどんな関係があるというのでしょう。

　ブログを書いている税理士が少ないことイコール、メリットがないのでは?　とお考えになるのかもしれませんが、ブログを書いている方が今より多かった時代でも、メリットを享受できていた方はそれほどいなかったと推測しています。

　あることに携わる人の数とそこから得られるメリットは、必ずしも比例しないということです。

　むしろ携わる人の数が少ないほうが目立ってよいと思いませんか?

　違いをつくれると前向きに捉えましょう。

　といっても、ブログを続けるのもかんたんではありません。

　16年以上書いている私でも、未だにネタに困ることがあります。

　私の場合、ブログの優先順位が高いので、ネタに困ったからといってブログを書かないということはありません。

　ただ、更新が夜になることは今でもあります。

　もしブログをやめてしまえば、平均して1日2時間、他に使える時間が手に入りますが、それでも私はブログをやめることはありません。

　ブログには、それ以上のメリットがあるからです。

　たとえ、周りの方がみなブログをやめたとしても、私はブログを続けます。

　周りの動向に左右される程度なら、軸が弱いということですし、やめてよいと思いますし、もとより、始めるべきでもないでしょう。

　ブログを始めるのも、続けるのも、やめるのも自由です。

　ひとり税理士だからといってブログが必須というわけではありませんし、望む生き方ができていれば、そこにブログが存在しない状態もあり得ます。

35 税理士でYouTubeを始めるのは、いまさらでしょうか?

私は日常的に、「いまさら」という言葉遣いを禁句にしています。

YouTubeをしている税理士はすでにいますが、ブログと同様、30人ほどです。

チャンネル登録者数が1万人を超える方もいらっしゃいます。

今からYouTubeを始めたのでは、そういった方にチャンネル登録者数は到底及ばないことでしょう。

しかし、登録者数を競うことに、私はさほどの意味を感じていません。

さまざまなメディアは、自分を表現する場であり、自分なりに満足できる成果を得られればそれでよいと、私は考えています。

ですから「いまさら」などという考えは、そもそも浮かびすらしません。

私が、本書を手に取られる皆さんより少し早く始めたといえるかもしれないブログやメルマガ、出版も、世間一般の状況に照らせば「いまさら」といえるものばかりです。

自分が最初だといえる取り組みもありますが、そうでない取り組みはいくらでもあります。

　また、税理士で真剣にYouTubeに取り組んでいる方々が、今後も取り組みを続けるかどうかはわかりません。

　レースに例えると、上位の選手がリタイヤしたり、調子を落としたりすれば、自分が首位となる可能性も出てきます。

　走り続けること、レースに出ていることが何より大切です。

　走り始める前から、「いまさら」と考えてしまい、そもそもレースに出なければ、何も起こりません。

　「いまさら」の「い」を思い浮かべたら、始めましょう。

　さて、実際、YouTubeに取り組む私が設けている指標やポリシーは次のようなものです。

・平日毎日更新する

　やはり、数をこなすことが大切です。

・編集は必要最低限にとどめる

　編集に時間がかかると長続きしませんので、テロップを入れることもありません。

　それらをすることが本質ではないと考えているからです。

　テロップがなくても伝わる、価値のある内容を心がけています。

　自分で手がけるオンラインセミナーの動画編集を行う予定があるならば、YouTubeで鍛錬しておくのもよいでしょう。

・機材をそろえる

　収録はスマホ１つあれば足りますが、自分で納得のいく好みの機

材をそろえたほうが意欲もわいて長続きしますし、成果も出せると
考えています。

・取り上げるテーマをある程度絞る
　効率化というテーマにある程度絞っています。
　テーマに統一性があったほうが、興味を持って継続してご覧いた
だきやすくなるからです。

・コメントはオフにする
　コメントで疲弊するのを避けるため、コメントを受けない設定に
しています。

YouTube、今からでも始めていきましょう。

36 ブログや『ひとり税理士の仕事術』のような内容の本を書くのは勇気が必要だったと思います。どうしたらそのような勇気を持てるでしょうか？

私は同業者の目を気にしません。むしろ、違いを生むために何をすべきか、あるいは自分が何をしたいかということは、徹底して考え抜いています。

限定された対象に対して発信するメルマガと異なり、ブログや書籍といった不特定多数の対象に向けて公に発信する行為には、少なからず勇気が必要です。

私は、同業者の目やその批判を気にしていません。
同業者というのはもちろん、他の税理士です。
しかしそれは、他の税理士に対する敬意を欠くということでなく、助言をいただくことがあれば感謝の念も抱きます。

同業者の目や批判を気にかけないということの真意は、自分の言動に対する批判的な意見を前にしても、萎縮したり、自分の信念を曲げる必要はないということです。

ひとり税理士というコンセプト自体、批判を受ける場面もあることでしょう。
「人を雇わないで経営者の気持ちがわかるのか？」
「事務所くらいかまえなきゃ」

「顧問先を増やし続けることこそ、税理士の成功の証だよ」
と、私もさまざまな意見を見聞きしました。
　「好きな仕事だけでは食べていけませんよ」というご意見もあります。

　「人を雇わない」「事務所を借りない」「仕事量を少なくする」というコンセプトによる現状は、私が望み、結果的にたどり着いた「私が理想とする」税理士像です。
　人から何と言われようが、それが揺らぐことはありません。

　自分自身の軸となる考え方やポリシーを世に公表することに「勇気」が必要か否かという視点は存在せず、単に自分の軸を貫いているだけです。
　自分の軸こそが、「勇気」そのものであるのかもしれません。

　私自身、ブログや書籍で「勇気」を持って書いた、と感じることはなく、読んでくださる方へ、自分のメッセージを可能なだけお届けしたい、という気持ちだけで書きました。
　私のメッセージ（発信）は、必要とされる方だけに読んでいただければよいと思っています。

　同業者の目を気にしたり、各所、各方面に対する遠慮から、差し障りのない、自分の本心とは異なることを書いたとしても、伝わるものはないでしょうし、発信する意味がそもそもありません。

　もし自分を出すことにためらいがあるのなら、自分がその仕事を
いったい誰のために、なぜしているか、今一度見つめ直しましょう。
　お客様のために、必死に取り組んできたことを世に発信するなら
ば、誰から何と言われようと、必要とする相手には届くはずです。
　周囲の批判や否定的な意見に負けぬほど、自分自身を磨き上げて
いきましょう。

ネットでの発信に伴う悩み から生じるギモン

37 ネット上で批判されて、発信するのをやめています。再開する気が起きないのですが、どうしたらよいでしょうか？

　　　「他者からの批判」は「乗り越えるべき試練」と捉えるべきです。楽しみにしてくれている人達のためにできることを考えましょう。

❧❧❧❧❧❧❧❧❧❧❧❧❧❧❧❧❧❧❧❧❧❧❧❧❧❧❧

　ネット上で発信することで、他者から批判されないか、心配な方もいらっしゃるでしょう。

　ネット上でたたかれる、炎上する、悪意のあるコメントを受けるといった事態は避けたいものです。

　しかしながら、批判されることを恐れすぎて、当たり障りのない内容や本心を偽る内容の発信をすべきではありません。

　自分が本心から伝えたいと思うメッセージ（発信内容）が意図した相手に届かなくなるばかりか、意図せぬ相手に本心でないメッセージが届く事態を招く可能性があります。

　ネット上で自分に向けられた批判も、意図せぬ相手に自分のメッセージが届いた結果生じるものですが、本心を伝えた結果、批判を受けるのと、本心を伝えたわけでもないのに批判を受けるのとでは大違いです。

　発信するのであれば、自分の本心を偽るべきではありません。

　また、どれだけ批判を受けて落ち込もうが、一部の批判者に気兼

ねして、発信することをやめてしまってよいのでしょうか。

　自分の発信を楽しみにしてくれている方が悲しんでいるかもしれません。

　私はどんなにつらいことがあっても、読者のために、その都度立ち上がってきました。

　そもそも私は「毎日発信する」と決めており、簡単にやめることはしません。

　批判されて落ち込むこと以外にも、日々、感情や気持ちの浮き沈みというものはあり得ます。

　他にも健康状態や突発的な阻害要因などさまざま考えられますが、「何があろうが続ける」とルールを決めて、鋼の意志で貫き通した方が気が楽です。

　多少批判された程度でやめてしまうくらいの覚悟なら、どのみち続けることは不可能ですし、成果も出せません。

　「他者からの批判」は「乗り越えるべき試練」と捉えるべきです。

　なお、今、しかるべき発信をしていない方からの批判は乗り越える必要もありません。

　リスクをとっていない方からの批判は的外れなものだからです。

　そして、批判のほとんどは、今しかるべき発信をしていない方からでしょう。

　また、自分の発信に気を配ることで、他者からの批判を乗り越えやすくなります。

自分の発信内容に向けられる批判には、反発的なものが含まれることがあり、発信で取り扱う対象に対する配慮は欠かせません。

　たとえば、取り扱う対象に対し、

・名指しで批判しない

・批判的な趣旨にせよ、言葉を選び、柔らかい印象となるよう表現を工夫する

・断定的な批判を行う場合には、はっきりした理由を書く

ということに気をつけています。

　どれだけ配慮しても誰かを傷つけてしまうこともありますが、できる限りの配慮を尽くすべきです。

38 発信する際にどこまでプライベートのことを書いてよいのか迷います。どのように考えるべきでしょうか？

私はプライベートなことも含めて、書きたいことだけを発信しています。

　お客様が税理士を選ぶ際は、腕前や力量だけで判断しているわけではないでしょう。

　もとより、税理士の実際の腕前や力量は、仕事を依頼してみなければわからない部分もあります。

　名前が売れていたり、プロフィールを見て実績がありそうだ、凄い先生かもしれないというだけで、面識のない税理士に仕事を依頼することにはリスクも感じるものです。

　また、どんなに腕がよくても性格的に好きになれないタイプであれば、仕事を頼みたいとは思わないでしょう。

　税理士選びでは、税理士の腕前や力量も大事ですが、性格や人柄、個性なども大事な要素となり得ます。

　税理士としての自分の性格や人柄、個性を伝えるには、プライベートを見せていくことが効果的です。

　たとえば、

・何が好きで、何が嫌いか

・普段何をしているか

・何にどのくらいハマっているか
・どのようなポリシーを持ち、考え方をするか
・どのような価値観を持っているか
といったことを発信しておけば、判断材料にしていただけます。

　税理士で自分のプライベートを発信している人はまだそれほどい
ないため、他の税理士との違いも作れるのです。
　ただ、どのように自分を表現するかはよく考えるべきで、読書や
映画鑑賞、音楽鑑賞、ドライブや旅行といった、一般的な趣味を列
挙し、ありきたりの表現で記すのはやめましょう。
　多くの方が趣味とするものを挙げるなら、より具体的に細かいレ
ベルで何が好きなのか、どう好きなのかを書く必要があります。

　私は主に、次のようなことを発信しています。
・使っているIT機器
・持っているカメラやレンズ
・出場したトライアスロン
・行ったことがあるところ
・住んだことがあるところ
・自分史
・今プレイしているゲーム
・読んでいる漫画

　こうした話題がきっかけで、仕事の依頼をいただける場合も多い
ものです。

39 見知らぬ人からフォローや友達申請がありましたが、どのように対応すればよいでしょうか？

ちらっと見て対応を決めます。

❧❧❧❧❧❧❧❧❧❧❧❧❧❧❧❧❧❧❧❧❧❧❧

　ネット上の営業では、見知らぬ方からコンタクトがあるのは当然で、むしろ、そのためにしているのではないでしょうか。

　しかし、そのすべてが歓迎されるものとは限らず、
・苦手なタイプの方からのコンタクト
・怪しい人からのコンタクト
・対象としていない人からのフォローや友達申請
といったことも当然あるものです。
　すべてのコンタクトに反応していたのでは、時間がいくらあっても足りません。
　仕事につながる可能性はあるにせよ、コンタクトを制限することも必要です。

・ブログやホームページであれば、コメントをオフにする（コメントできないようにする）
・Twitter、Instagram、Threadsなどでフォローされたら、フォローを返さない

・Facebookで友達申請（リクエスト）があったら、その申請を削除する
といった方法で、コンタクトを断つことができます。

　では、どういったコンタクトを断つべきか。
　まず、スパムアカウントには気をつけましょう。
　プロフィールや投稿内容が怪しいものはスパムアカウントの可能性が高いです。

　また、明らかに営業目的でのコンタクトは、フォローを返さない、リクエストを削除するといった対応でかまいません。
　メッセージがあっても、返す必要はないでしょう。

　知っている方、会ったことがある方からのFacebookの友達申請（リクエスト）は、いったん承認しておきましょう。
　もし問題があれば、設定で、その方の投稿を見ないようにする（フォローを外す）、こちらの投稿を見せないようにするということもできます。

　いずれにしても、コンタクトがあったら、瞬時に判断して、対応しましょう。

40 メルマガを始めましたが、読者が集まりません。どうすればよいでしょうか？

メルマガは難易度が高いメディアです。心して臨みましょう。

❦❦❦❦❦❦❦❦❦❦❦❦❦❦❦❦❦❦❦❦❦❦❦❦

　他のメディアとメルマガが異なる点は、登録していただかなければ、内容をユーザーにお届けできないという点です。

　その分、難易度が高く、一筋縄ではいきません。

　現在も継続している「メルマガ税理士進化論」は、2011年の4月、ブログを始めて4年ほど経過した頃に書き始めました。

　メルマガに登録していただくには、ブログやSNSで発信していることが先決です。

　メルマガに登録していただくに値する発信が先に必要で、いきなり始めようとしてもうまくいきません。

　まずは、メルマガ以外の発信に全力をそそぐべきです。

　また、メルマガの登録者数を増やすために、名刺交換をした相手に対して断りもなくメルマガを送るケースもありますが、やめておきましょう。

　受け取った相手は「勝手に送り付けてきた」と不快に感じるかもしれませんし、今後の仕事の依頼や人間関係によい影響はありませ

ん。

　無理をして登録者を増やそうとせず、事前登録者を地道に募り、一定の人数になったら始めましょう。

　また、登録者数を増やすために特典を付けるといったことはおすすめしません。
　解約も自由な無料のメルマガで、特典がなければ登録していただけないということは、メルマガそのもの、あるいはご自身に魅力がない、ないしは発信力が足りないということです。
　特典目当てで登録していただいたとしても、すぐに解約されてしまうでしょう。

　そして、「読者が集まらない」というのはいかほどの人数を指すのでしょうか？
　もしかして、100人集めたい！　などと考えてはいませんか？
　それは目標設定が高すぎます。
　メルマガは、登録者が10人でも十分です。

　なお、有料メルマガはおすすめしません。有料メルマガはさらに難易度が高まり、登録してくださる読者は、無料メルマガの10分の１にも満たないものです。
　月額100円として、10名集めても月の売上は1000円にしかなりません。
　そう考えると、中途半端に課金するくらいなら、無料でより多くの方に読んでいただくことのほうがよほど大事です。

41 SNSを使っていますが必要性をあまり感じません。SNS をする必要はあるのでしょうか?

自分で必要だと感じる範囲で使いましょう。

❧❧❧❧❧❧❧❧❧❧❧❧❧❧❧❧❧❧

　SNSが必要か疑問に感じることもあるでしょうが、誰かが「必要」だと言うから始めるべきものなのでしょうか。

　誰かに「必要」だと言われても、自分の心が動かされなければその必要はないでしょうし、誰かに「不要」だと言われても、自分の心が動かされたなら、やりましょう。

　私は次のようにSNSを使っています。

・Facebook

　平日毎日「独立後の日々」について動画をメインに綴っています。また、グループやオンラインサロン、メッセンジャー、ブログページ機能を利用しています。

・Twitter

　ブログの更新情報を投稿しています。

・Instagram

　平日毎日「１日１新（新しく体験したこと）」を写真投稿しています。

　という使い方をしています。

Threads、TikTokは使っていません。

　とりわけTwitterは、140字という文字数の制約から誤解を生みやすく、荒れる可能性が高いメディアだと認識しています。
　好ましくない投稿が多いので、基本的に見ていません。
　TweetDeckというサービスでホームフィードを表示しないように設定し、リスト機能で見たい方のみ厳選しています。

　SNSは閲覧せずに活用することも可能です。
　FacebookやInstagramはフォローだけしてミュートしておけば（相手に伝わりません）、投稿まで見る必要はありません。
　ブロック機能やフォロー解除は相手に伝わるので避けましょう。

　発信する方法の中では、メインはブログ、メルマガ、YouTubeであり、SNSはサブと考えています。
　誰かが必要だと言ったから、効果があると言ったから、税理士は皆やっているからといったことは、自分が始める動機にはなりません。
　自分で必要だと感じる範囲で使えばよいだけのことです。

CHAPTER11

お金を稼ぎ、貯えることを
考えたときに生じるギモン

42 売上が思ったように増えません。どうすればよいでしょうか?

そもそも売上を増やす必要があるか否か、考えたうえでの悩みでしょうか? まず、そのことをよく考えてみるべきでしょう。

独立当初に限らず、売上が思ったように増えないということは、独立後、幾度となくあることです。

私もたびたびそのような状況を経験しています。

そんなとき、まずすべきなのが今の状況（現状）を数字で把握することです。

自身の経理はプロとしてしっかり行い、自分自身が置かれている状況についての現状分析を行えるようにしましょう。

そのうえで、売上を増やす必要があるのかどうか、悩むべきです。

食べていけているのであれば、無理に売上を増やす必要はないかもしれません。

もちろん、「食べていくこと＋α」で、中長期的な売上見通しを立てるべきです。

中長期的な売上見通しで考えた場合、今の売上が思ったように増えないのは過渡期であると受け止めることもできます。

税理士業は、「顧問料＋確定申告料」というビジネスモデルが基

本です。

　その両軸で一定量の仕事があれば、そこそこ安定した売上が見込めるでしょう。

　しかし、「顧問料＋確定申告料」というビジネスモデルも永続的なものではありません。

・お客様からの契約解除

・こちらからの契約解除

・契約継続が難しくなる

ということがあり得ます。

　たとえ今、「顧問料＋確定申告料」によって安定していたとしても、新しい仕事の流れはつくっておきたいものです。

　もし今の仕事が減ったとき、増やせる自信はありますか？

　ひとり税理士は、担える仕事量に限界があるため、いきなり仕事を増やし、売上を増やせるわけではないので、常に新たな仕事の流れをつくろうと意識することが必要です。

　新陳代謝を図れるように、日々備えましょう。

　たとえば税理士業以外の柱として、書く仕事や話す仕事もおすすめです。

　また、売上を増やすことを目指すのではなく、利益、お金を増やすことを目指しましょう。

　日ごろ、お客様に目先の売上だけを考えてはいけないとお伝えしていることを、ご自身にも向けるべきです。

　それこそ医者の不養生で、目先の売上にとらわれて、安易に仕事

を受けないようにしましょう。

　そして、仕事は目先の売上につながるものだけではありません。
　むしろ、将来に向けた種まきとなる仕事こそ、中長期的には必要です。
　1日のうちにするすべての仕事を当面の売上に紐付けてはいけません。
　1日に仕事をする時間の半分だけを当面の売上に紐付けるよう意識することで、中長期的な売上を見通すことができます。

　売上は増えるときは増えますし、増えないときは何をしても増えません。
　淡々と日々の仕事に取り組みつつ、将来を展望し、未来に投資しましょう。

43 手元のお金が減ってきたときはどうすればよいでしょうか?

私はそうならないように常に手を打つとともに、そのことをポジティブに捉えるようにしています。

　手元にあるお金が減ってくると気持ちも焦りますし、落ち着かないものです。

　今もお金が減ることはありますが、動じず、使うべきことに使うようにしています。

　ただ、私はお金がなくなってきたときのことを常にシミュレートしています。

　そうすることでモチベーションを高いレベルで維持できますし、日々の鍛錬を怠れなくなるのです。

　「このまま(現状維持)で大丈夫」「こんなものでよいだろう」などと、日々を漫然と過ごしていたのでは、行動に移せないでしょう。

　世の中、一寸先に何が起きるかわかりません。

　常に不測の事態を予測して、即座に動けるように備えましょう。

　予測を行うことで自発的な危機感を持つことがすなわちリスクヘッジとなり、己の力にもなります。

　そういう意味では、あえてお金を減らしてみることもおすすめです。

大きな買い物をして使って減らすほか、顧問を減らすことでもお金は減ります。

　手元のお金を減らして危機感を持ちましょう。

　ひとり税理士は、ミニマムな生き方を志向するあまり、危機感がなくなりがちです。

　食べていけるようになってから本当の戦いが始まるのだと、気を引き締めていきましょう。

　ひとり税理士として、自分、そして家族が食べていけるだけを稼ぐのは、それほど難しいことではありません。

　スタッフを雇わず、事務所の賃料負担がなければ固定費はほとんどかからず、悠々自適で自由気ままに過ごせます。

　ただ、それで満足するか否か。

　皆さん、もっとしたいこと、すべきことがあるとお感じなのではないでしょうか。

　食べていくことはむろん大事ですが、他の税理士との違いをつくり、自分だけの道を進むには、ぬるま湯につかっていてはいけません。

　「お金がなくなってきた」という状況はネガティブに受け止められがちですが、決してそうばかりではなく、ポジティブに捉えましょう。

　お金の有無は危機感に直結する要素であり、うまくコントロールすることで、将来的な糧を得るきっかけともなるものです。

44 お金を借りるのは勇気がいりますが、借りるべきでしょうか？

お金を借りることで時間を稼ぐことができますし、お金を借りてみることをおすすめします。

お金を借りるべきか、借りぬべきか。

私は借りてみるべきだと考えています。

「時間を稼げ、お金を借りる経験ができる」からです。

では、いったいなんのために時間を稼ぐのか、と思われるかもしれません。

お金を借りてまで稼ぎたいのは、ひとり税理士としての軸を磨き上げる時間です。

軸をつくり、磨き上げるには時間がかかります。

その一方で、日々食べていくために、稼がなければいけません。

手元にお金がなければ、軸を磨いている余裕などないでしょう。

なにより、気持ちにゆとりがないと、正しい判断が下せません。

お金を借りて手元資金を作れば、軸をじっくりつくり、磨きぬくことができます。

私自身、そのようにして自分の軸を磨く時間を作りました。

また、皆さんは税理士として、借り入れについて、お客様にどのようにご説明されるのでしょうか。

　借り入れををすすめるにせよ、無借金経営をすすめるにせよ、ご自身に借り入れの経験があれば、説得力のある説明をすることができるようになります。

　すべての仕事について、お客様と同じことをしなければならないわけではありませんが、体験に基づいたアドバイスができるようにしておきましょう。

　ひとり税理士として独立すると、経営状況の分析から資金調達や資金繰りなど、すべて自己判断により対応しなければなりません。

　独立していなければ、お客様である会社経営者に対するアドバイスは机上の空論になってしまいます。

　独立してリスクを背負った経験のある者が発する言葉とそうでない者の言葉との間には、大きな開きがあるものです。

　お金を借りると融資にかかるしくみも理解できますし、金融機関の担当者と面識が得られるという大きなメリットがあります。

　もちろん、借り過ぎ、使い過ぎには注意しなければなりません。

　私も、独立当初、お金を借りたことで気が大きくなり、広告出稿やホームページ制作、システム導入などに散財してしまいました。

　その点は注意が必要ですが、お金は借りてみるべきです。

　借りた結果、ご自身が「借りないほうがよい」「借りるだけ無駄だった」と感じたなら、そのような体験を基に、お客様へアドバイスを行えばよいのです。

　「お金を借りる」ことに対する自身の軸を磨くためにも、ぜひ借りてみることをおすすめします。

45 お金はどの程度貯えがあればよいでしょうか?

**私の場合、自分がサボらずにすむ程度、貯めるように
しています。**

　貯えはどの程度あるべきか。

　お金を貯めるということは、すなわちお金を使わないということ
でもあります。

　お金を使わなければ、売上を増やした分だけお金も貯まるでしょ
う。

　しかしひとり税理士が売上を増やすには、おのずと限界がありま
す。

　とはいえ、「50万円しか貯えがない」というのはいささか不安で
す。

　売上には波があり、不測の事態が起きないとも限りません。

　現に私は交通事故に遭い、3か月入院したことがあります。

　この期間中は売上が減ると同時に、立替払いによる支出も増えま
した。

　事故から4年以上経過しましたが、いまだに立替払いの一部を受
け取るのみで、損害賠償金も支払われていません。

　多少なりともお金の蓄えがあり、助かりました。

　いざというときは「キャッシュ（現金）」がものをいうことは、税理士ならよくご存知でしょう。

　万が一に備え、ある程度は貯えるべきですが、貯めすぎる必要はありません。

　そもそもお金を貯めてどうするおつもりでしょうか。

　目先のお金には固執しすぎず、将来のためにも使うようにしましょう。

　私は手元にあるお金より、「お金の流れ」ということを意識するようにしています。

　「お金の流れ」とは、絶えまなく、新しいお金の流れがあることです。

　入院中も売上は減ったとはいえ、そのようなお金の流れはありました。

　だからこそ、退院後すぐに売上を元に戻せたのです。

　「お金の流れ（＝仕事の流れ）」は絶えないようにしています。

　顧問契約は解約もあり、継続が難しくなればすぐ途絶えてしまうため、「仕事の流れ」には含まれません。

　顧問契約以外の部分で、「お金の流れ（＝仕事の流れ）」をつくっておきたいものです。

　また逆に、手元に貯えがありすぎると、人はさぼり始めてしまいます。

だからこそ、私は手元資金を貯めすぎないように、顧問料収入で安定しすぎないようにして、常に危機感を保てる程度にコントロールしているのです。

　そのうえで、お金を貯めようとして貯めるのではなくて、いつのまにかお金が貯まっていくことを目指しています。

　好きなことにお金を使い、それでも自然とお金が貯まるようになるのが理想的です。

46 プライベートでお金が必要なので、仕事を増やしたいのですが、どうやって増やせばよいでしょうか？

「仕事を増やすことで稼ぎを増やす」ことを目指すのはやめましょう。

＊＊＊＊＊＊＊＊＊＊＊＊＊＊＊＊＊＊＊＊＊＊＊＊＊＊＊＊＊＊＊＊＊

　今すぐまとまったお金が欲しい、あるいは将来的にお金が必要となるときに備えて、今ある仕事を増やすべきか否か。

　仕事を増やすことで稼ぎを増やすのが、ごく一般的な対処法でしょう。

　しかしこのやり方は限界があります。

　今ある仕事を倍にすることは難しいでしょうし、それで倍稼げるとは限りません。

　ではいったい、お金が必要なとき、どのくらい仕事を増やせばよいのでしょうか。

　仕事を増やした結果、売上が増えると同時に経費も同じだけ増えたのでは意味がありません。

　ご自身で対処できる範囲ならよいのですが、増えた分の仕事を外注すれば、経費はその分増えるでしょう。

　増えた分の仕事を賄うために人を雇えばなおさらです。

　お金のために仕事を増やし、プライベートの時間を犠牲にしても

よいというのであればそれでもよいでしょう。

　しかし、プライベートの時間を大事にしたいと考えるなら、お金のために仕事を増やして稼ぐのは得策とはいえません。

　仕事を増やさずに稼ぐ、むしろ仕事量を減らしながら稼ぐことを、考えましょう。

　時間あたりの利益を増やすということです。

　１日はたったの24時間しかありません。

　仕事に熱中しすぎれば、あっというまに１日は終わってしまいます。

　同じように、人生もあっというまに終わるものです。

　お金と時間、両方が揃ったらプライベートを楽しもうなどと考えていると、齢を重ね、遊ぶ気力も失うでしょう。

　今遊ばずに、いつ遊ぶのでしょうか。

　仕事一辺倒でお金はあるが時間がない、時間はあるがお金はない、お金も時間もない、あなたはどんな生き方を目指しますか？

　私は、「ちょっとしたお金、たっぷりの時間」がある生き方を目指しています。

　仕事を増やさずにお金を増やすには、仕事を入れ換えるしかありません。

　私は2010年に、お金も時間も必要な趣味を始めました。

　トライアスロンです。

　つまり、お金も時間も必要な趣味であるため、仕事を増やすことで稼ぐことはできませんでした。

　趣味のトライアスロンのためにお金をいくら稼ごうが、練習をする時間、レースに出る時間が取れなければ稼ぐ意味がありません。

　この状況が刺激となり、意識改革に至りました。

　当時、私は継続的な仕事をメインとしていましたが、継続的な仕事は安定しやすい一方で、時間の自由度が低いので、単発中心の仕事に入れ換えたのです。

　仕事を入れ換える場合、先に新しい仕事を増やしてから今の仕事を減らしたいものですが、実際には思ったようにはいかず、減らすことが先になりました。

　しかしこのときに得た教訓は、仕事を減らすのが先ということです。

　2016年には娘が生まれることがわかり、さらに意識を改革し、仕事を減らしながら稼ぐことに取り組みました。

　それ以降も翌年3月に無事生まれた娘との生活に加え、仕事と趣味を存分に楽しんでいます。

　時間を犠牲にしすぎず、お金を増やす術を見いだしましょう。

稼いだお金をどう使うべきか悩んだときに生じるギモン

47 何かを買おうかどうか迷ったとき、どのように考えますか?

私の場合、ネタにできるかで買うか買わないかを決めています。

＊＊＊＊＊＊＊＊＊＊＊＊＊＊＊＊＊＊＊＊＊＊＊＊＊＊＊＊

　何か新しいものを買うべきか買わぬべきか、悩まれることも多々あるかと思います。

　買った後の未来のイメージが描けるのであれば買いましょう。

　私の場合、ネタになると思えば、迷わず買うようにしています。

　逆に、

・みんなが使っているもの

・誰かがすでに買ってネタにしているもの

・新しい体験を得られないもの

を買うことは、ほぼありません。

・使っている人が少ないもの

・自分がまっさきにネタとして取り上げたいもの

・今までと劇的に体験が変わるもの

は、積極的に買うようにしています。

　「必要だから買う」という程度の基準では購入動機として弱く、買った後に他人との違いもつくれません。

　私は他に、「発売日に買う」という基準も設けています。

　ためらっている間に、しばらく入手できなくなることも多いからです。

　何より、「誰よりも早い」ことに意味があります。

　迷って誰かに「それはおすすめですか？」と聞いたり、様子見している時間が無駄ですし、すぐ買いましょう。

　ある程度の基準で素早く行動する習慣を身に付けることで、基準が磨かれていきます。

　様子見をすればリスクは減りますが、他の税理士との違いをつくるという視点からすると、いつまでたっても二番煎じです。

　今、手元にあるお金を使ってしまうことに不安があるかもしれません。

　しかし、独立前と異なり、ひとり税理士には安定した給料もボーナスもないため、ジッとしていてもお金はたまりません。

　欲しいものは、今、買うことを考えるべきです。

　新メニューをつくったり、キャンペーンを打ってその分を稼ぐこともできます。

　あらかじめ、そのような対応ができるよう工夫しておきましょう。

　もっとも、購入に際する基準を持ったとしても、お金がなければ買えません。

　手元資金に余力を持ちたいものです。

　私は欲しいものがあったとき、資金不足だけが理由であきらめる

ことはしません。

　新製品が出て、
・自分しか使わない（同業者は誰も手を出さないだろう）
・まだ誰も使っていない
・劇的に体験が変わる
ことがわかっているのに、お金がないから買えないということをなくせる程度には、仕事をして利益を出しています。

　ただ、独立当初、利益がそれほどないときでも、「１万円以下ならすぐ買う」ということを自分に課していました。
　そのくらいしないと、お金を使うことはためらわれがちで、行動が遅れてしまうからです。
　今ではそんな基準を意識せずとも、欲しいものを適切なタイミングで買えるようになりました。

　これは、お金の問題というよりむしろ、メンタルの問題といえるのでしょう。
　お金は、稼ぎ方よりも使い方が難しいものだからです。

　お金を使うことも、日々鍛錬していきましょう。

48 軌道に乗ってきたので事務所を借りるかどうか悩んでいますが、ひとり税理士には必要ないでしょうか？

私自身、もう借りるつもりはありませんし、おすすめはしませんが、借りてみるまでわからなければ、借りてみて、必要か不要かをご自身で実感されるとよいでしょう。

自宅で仕事をしているひとり税理士も増えました。

しかし自宅での仕事に不便さを感じ、事務所を借りたくなることもあるでしょう。

もちろん、私も全否定するものではありませんし、いっそのこと借りてみてはいかがでしょうか。

私は、事務所を借りたことがあるからこそ、今は事務所を借りようとは考えていないのです。

事務所を借りるには、初期費用に継続費用、撤退費用がかかります。

いくらくらい費用がかかるのか、まずは試算してみましょう。

かかる費用を承知で借りれば、気がすむかもしれません。

より具体的に考えるために、なんでもよいので物件を見に行くことが大事です。

私は事務所を借りたくなったことが3度ありますが、その都度すぐ下見に動き、借りるか借りないか、即座に判断し、ひとまず気が

すみました。

　モヤモヤするなら、まずは動いてみましょう。
　悩んでいる時間がもったいないからです。

　稼いだお金は、モヤモヤ悩む時間をなくすことにも使えます。

　一度経験してみれば気がすむことも多いものです。
　事務所を借りるのはそれなりのお金がかかりますので、もっと少
額で試したいものがあれば、どんどん買っていきましょう。
　事務所ではなくレンタルオフィス、コワーキングスペースなどと
いった選択肢もあります。

49 お金の使い方で失敗したと感じたとき、どのように立ち直っていますか？

忘れる工夫をしています。

お金の使い方は間違えるものです。

しかし、「間違えない」ことがはたして絶対的に正しいことなのでしょうか。

お金を使わなければ失敗することはありません。

ただ、本当にそれでよいのか、ということです。

お金を使うのを躊躇して、時間を失うことのほうが取り返しがつきません。

お金は稼げば取り戻せるものです。

失敗するとへこみ、へこんだままでいると時間を失うので、忘れるようにしましょう。

時間的な損失（ロス）をカットすることも大切です。

お金の失敗を多少でも取り戻すことを考えるなら、メルカリで売れば多少の補填となりますが、時間や手間に見合うか否かで決めています。

途中解約できないものを買う場合は注意しましょう。

　過去に私も税務ソフトのサーバーを5年間リース契約して、非常に後悔したことがあります。

　リース後、1年ほどでその機器を使うことをやめたので、損失は最小限にとどめたつもりですが、リース料を5年払い終えるまで、機材を置いておく場所が必要でした。

　お金を支払ったからといって、失敗だと思ったものを使い続けることは損失（ロス）を広げる以外の何物でもありません。

　たとえお金は失っても、それ以上の時間も失うことは避けるべきです。

　こういったことを独立当初に繰り返し、今は、多少なりともお金をうまく使えるようになりました。

　お金に関する損得は、長い目で見ればだいたい差引ゼロになると考えています。

　間違いを恐れすぎないようにしましょう。

　損することを過度に怖れて、リスクを取らなければ、お金の使い方は上達しません。

お客様との関係性に悩んだ
ときに生じるギモン

50 「(顧問先のお客様は) こんなことも知らないのか」とびっくりさせられることがあります。どのように考えるべきでしょうか?

> 私自身、税理士業以外の領域であれば、知らないことはたくさんありますし、びっくりするほどのことはないでしょう。

　税理士業は、卓越した専門知識・スキルを基にサービスを提供する仕事です。

　税務上の専門領域においては、お客様より知っていることが多いのは当然でしょう。

　一般的に、お客様は簿記や経理、決算書や税法などの知識は持ち合わせていません。

　こうした領域は義務教育では取り扱わないものです。

　実際のところ、知らなくても生きていけますし、顧問先のお客様が会計や税金のことは何もわからないということもあり得ます。

　知っておいたほうが得ですが、売上を増やすために必要な知識に比べれば、優先順位の低い知識です。

　そのようなお客様に対して、会計や税金の知識がほぼないことに驚くかもしれませんし、苛立ちを感じる場合もあるかもしれません。

　そんなときは「自分も最初は無知だった」「自分にも知らないことはいくらでもある」と考えるようにしましょう。

　私も簿記は苦手でしたし、最初はまったく理解できませんでした。

　公務員として3年3か月働きましたが、当時は税金の仕組みなど、まるでわからない状態です。

　税理士試験対策で勉強しても簿記はよくわからないままで、実際のところ、実務を通じて少しずつわかるようになりました。

　本当の意味でわかるようになったといえるのは、自己責任で税理士業を営み始めた独立後のことです。

　独立するまでに所属した税理士事務所では、「こんなこともできないのか！」「自分でやったほうが早い」「なにしてるんだ、遅い」などと罵倒されることもありました。

　当時経験した悔しさから、私は「知らない」ということだけで相手を判断したり、評価することはしないようにしています。

　これは、税理士業に限らず、ExcelやIT、効率化、トライアスロン、写真といった、現在私がお客様へ提供している領域における軸となる考え方でもあります。

　プロとして、お客様が無知であることに驚いたり、バカにしたり、苛立ってはいけません。

　税理士は「先生」などと呼ばれて持ち上げられたりしがちですが、勘違いせず、謙虚に振舞うべきです。

　「されど税理士」と誇るべき面もありますが、「たかが税理士」という気持ちでお客様と向き合いましょう。

51 税理士として、お客様になるべくわかりやすく伝えたいと思っていますが、なかなかうまくいきません。どのように考えるべきでしょうか？

私は「わかりやすい」という言葉は禁句にして、使わないようにしています。

　税理士としてお客様に何かを説明するとき、「わかりやすく」説明することを、皆さんも常に考えていらっしゃることでしょう。

　私も同じように考えていますが、「わかりやすく」という表現は使わないようにしています。

　なぜなら、自分が考える「わかりやすさ」は、お客様にとって同じように「わかりやすい」ものであるとは限らないからです。

　世間一般にあふれかえる、
・「世界一わかりやすい」
・「税理士がわかりやすく解説」
・「わかりやすくお話します！」
といった触れ込みは、ほぼあてになりません。

　自分の得意分野なら「わかりやすい」か否かということは明確にわかるでしょう。

　世の中には「わかりやすい」という言葉を安易に使っているものが散見され、こうした触れ込みで本当にわかりやすかったものはほ

とんどありません。

　文章による説明でも、「わかりやすく言うと」「わかりやすく例え
ると」とわざわざ断っておきながら、まったくわからないというこ
ともままあります。

　私が本、ブログ、メルマガなどを書くときは、「わかりやすい」
という表現は使いません。

　わざわざそう書かなくとも、本当の意味で「わかりやすく」伝え
ることを目指せばよいと考えているからです。

　自己満足で「わかりやすい」という表現を安易に使っていると、
いつまでたっても「本当のわかりやすさ」にはたどり着けないと考
えています。

　そして、「本当のわかりやすさ」にたどり着くことは、私たちが
想像している以上に困難なことなのです。

　あることを、税理士として専門用語を使わずにお客様にどのよう
にお伝えするか。

　難解でますます複雑化する税法や、取っつきにくい会計の話、IT
スキルにかかる効率化の提案など、どのようなことをお伝えする場
合でも常に考えています。

　ご自身が考える「わかりやすさのポイント」から、さらに何段階
も「わかりやすさ」を掘り下げていきましょう。

　そこまでしないと、伝えたいことは相手にうまく伝わりません。

ギモンを感じるのは当然で、「うまく相手に伝わらない」のが当たり前だと考えましょう。

　そのような認識から出発し、日々鍛錬すべきです。

　さらにいえば、「わかりやすい」という評価は、お客様をはじめ、相手が下すものであり、自分で下すものではありません。

52 現実を直視すべき悲観的な事柄をお客様にお伝えするときは、どのようにお伝えすべきでしょうか?

自分しか、お客様にそうしたことをお伝えできる存在はないと考えています。お伝えすべき事柄を、しっかりお客様にお伝えすることが私たちの役目です。

　見たくない現実から目を背けてしまうのは人の世の常です。

　しかしながら、経営者は自社経営における現実を直視しなければいけません。

　税理士は、お客様の経営状況を数字上よく把握していますから、次のような状況を把握することが可能です。

・資金繰りが行き詰まる可能性がある

・利益に見合った納税を行う必要がある

・前年から業績が大きく落ち込んでいる

といった現実を、経営者にしっかり認識していただくことも税理士の大切な役目です。

　お伝えしにくい場合には、事実だけをお伝えするのでもよいでしょう。

　税理士がお伝えした事実をどのように捉え、今後どのように対処するかは、お客様ご自身がお決めになることです。

　事実だけを伝えるということであれば、いくぶん気持ちのハードルは下がるでしょう。

手持ち資金がこれ以上もたないということを、「このままでは大変なことになります」などとお伝えする必要はありません。

　たとえば、資金繰りにかかる予測表をつくってお見せし、今後の予測をシンプルに客観的な数字でのみお伝えするだけでも十分です。

　シンプルかつ確実に伝えたいのであれば、グラフや図にしてみましょう。

　パワポを使い、Ａ４用紙１枚のサイズでまとめると決めてつくると、よいトレーニングになります。

53 お客様にあるソフトを導入していただきたいのですが、なかなか理解を得られません。どうしたらよいでしょうか?

お客様へ丁寧に説明した結果、それでも導入していただけないのであれば、ご自身に対する信頼度が低いことを省みるべきです。

　会計ソフトや給与計算ソフトなど、お客様に導入していただいたほうが、お互い効率的です。

　私自身、お客様にはそれらのソフトは入れていただきたいと考えています。

　しかしながら、たとえ無料であってもお客様側に導入への抵抗があるかもしれません。

　もし、本当に導入を望み、それがお客様にとってためになると考えるのであれば、導入することによるメリットと、導入後の正確な将来像をお伝えする努力をしましょう。

　たとえば、

・会計ソフトを導入すれば銀行システムとの連携により、預金データを入力しなくてよい

・会計ソフトで請求書を作成すれば、売上データを入力せずにすみ、入金管理も可能

・クラウド給与計算ソフトを導入すれば、従業員のみなさんが給与明細をネットで確認できる

などといったことを伝えてみましょう。

　もちろん、有償のソフトであればその分費用が生じますので、費用対効果をしっかり説明できなければいけません。

　税理士サイドのメリットだけでなく、お客様のメリットにフォーカスすべきです。

　ソフトの導入といったシーンに限らず、クラウドストレージやメール、チャットシステム、入力フォーム等の導入など、さまざまな場面でお客様との交渉が必要となります。

　お客様との信頼関係がしっかりしていれば、こうした提案を受け入れていただけるはずです。

　お客様に新しいシステムの導入など、さまざまな提案を受け入れていただけないのは、信頼関係が構築できていない可能性があります。

　まずはお客様との関係性を築くことを努めましょう。

　できれば、よい関係性を先に築いた上で仕事を始めたいものです。

　発信による営業であれば、事前に関係性を築くことができます。

54 お客様に自計化をお願いしたいのですが、税理士にすべてお任せしたいとのことで、調整できません。どうすればよいでしょうか。

そもそも私は「自計化」という言葉自体、好きではありません。なぜそれが必要であるかしっかり考えてお客様にお伝えできるようにすべきです。

自計化とは、お客様が「自ら計算＝経理事務をする」ということです。

いつから使われるようになった言葉かわかりませんが、会計ソフト会社の普及戦略の一環として用いられた標語ではないかと考えられます。

当然、税理士としては、お客様ご自身に経理事務をしていただいたほうが楽です。

税理士は記帳代行をせずにすみますが、記帳代行料は受け取れなくなります。

代理店として、会計ソフト導入費やライセンス料で売上をまかなうこともできなくはありません。

私が自計化を好まないのは、こういった背景もあるからです。

では、私自身はどうかというと、記帳代行業務を行わず、お客様ご自身に経理をしていただいているので自計化といえばそうですが、私自身にそのつもりはありません。

「自計化」という言葉には、これまで経理をしていなかったお客

様に、自ら経理を行っていただくように働きかけるといったニュアンスがありますが、私はそのように働きかけることはしません。

　そもそも、経理は当事者が自ら行うべきものだと私は考えています。
　税理士が経理を請け負う、記帳代行をするのは当たり前のことではありません。
　考え方が根本から違うのです。

　私はお客様に、「経理は私に任せて、どうぞ本業に集中してください」といったことも言いません。
　経理もお客様の本業だと考えているからです。
　また、私はご自身で経理をしたくないお客様の意識を変える自信はありません。
　だからこそ、ご自身で経理をされている方のみを対象としているのです。
　もちろん、お客様の経理を効率化するノウハウは提供しています。
　ご自身で経理をしたくないというお客様を無理に変えることは考えないほうがよいでしょう。

　なにより私自身が経理を面倒くさいと感じています。
　だからこそ徹底して効率化して、そのノウハウを提供しているのです。
　自身の経理もを徹底して効率化しており、さらにデータ入力の仕事をしたいとは思いません。

55 顧問先の仕事でミスしてしまったときは、どのように対応すべきでしょうか？

私の場合、できるだけ早く、まず謝るようにしています。

❧❧❧❧❧❧❧❧❧❧❧❧❧❧❧❧❧❧❧❧❧❧❧❧

　ミスせずにすむならしないに越したことはありませんが、ミスを完全になくすことは難しいものです。

　ミスをすることより怖いのは、ミスがあること自体に気づかない場合で、自分もお客様も気づかぬまま、見過ごされてしまうミスもあり得ます。

　ミスは避け得ないものと受け止めたうえで、気づいた後、丁寧に対応しましょう。

　大切なのは対応の順序です。

　まず、ミスをしたことについて、お客様に謝罪します。

　次に、ミスに対してどのように対応するかをお伝えし、直ちに行動を起こしましょう。

　ミスをしたことの理由をお伝えするのは最後にする、あるいは心のうちに秘めておくべきです。

　なぜミスにつながったかは、お客様には関係ありません。

　お客様は理由を知っても仕方ありませんし、そんなことより事態への対応を求められることでしょう。

理由の説明から始めると、言い訳をしているように受け止められ
かねません。

　ミスへの対応、つまり初動をできる限り早くすることが大切です。
　対応が遅れ、時間が経過すればするほど、お客様との信頼関係が
損なわれていきます。

　また、ミスをしないように普段から意識することが欠かせません。
・チェックリストをつくる
・実際にしたミスのリストをつくって何度も見返す
・ひとり税理士として必要なチェック体制をつくる
ということを私は徹底しています。

　ミス事例のリストには、ヒヤリとした事例も含めましょう。
　このリストは、後々、他に代えがたい財産となります。
　そして常日頃、ミスをしないようにチェックを行える余力が持て
るよう努めましょう。
　チェックを行う暇もないほど、時間いっぱい仕事を詰め込んでは
いけません。

CHAPTER14

お客様とのコミュニケーションの取り方に悩んだときに生じるギモン

56 電話やFAX、郵送による対応をやめたいのですが、お客様の手前もありますし、どうすればよいでしょうか？

私は何かを決断するときには自己責任で決断します。
お客様のせいにせず、自分で覚悟して決断するだけです。

2020年に生じたコロナ禍以降、一見、世界は変わったように見えますが、実際のところ、さほど変わっていないように感じています。

変わりかけて、また元に戻った部分も多く、やはり、多数派の波は強いなと改めて感じた次第です。（一方で、少数派のよさを改めて感じてもいます）

電話やFAX、郵送（紙）など、アナログな媒体による流れもなかなか変わりません。

確実に言えることは、世の中が変わることを期待していても、何も変わらないということです。

お客様が変わることも、期待すべきではありません。

変えることができるのは、自分の覚悟だけです。

ある意味、ひとり税理士はシンプルで楽な部分があります。

何かを変えるために、組織内部の調整や誰かに伺いを立てる必要がないからです。

　自分で決め、お客様がOKであれば、極端な話、何をしても許されます。

　電話やFAX、郵送にかかる取扱いも、自分が覚悟をもって決めるのが先決です。
　はっきりお伝えしてもよいのですが、それまで電話で行ってきた連絡を、それとなくメールに変えていくことで間接的にお伝えするといったやり方もあります。
　ホームページのプロフィールや依頼フォーム、記事に一言書いておく、契約時にお願いするといったことも地道にしておきましょう。

　本当に変えたければ、「お客様があることだから、地方のお客様だから、ご年配のお客様だから」といった言い訳を用意して逃げてはいけません。

　電話やFAX、郵送による対応をやめて、仮に仕事を失ったとしても、その軸は守るべきです。
　現に私はそのような対応により仕事とその収入を失ったこともありますが、お金より大事な軸を守ることはできました。

　軸さえ失わなければ、仕事（収入）がなくなっても、また増やすことができます。
　実際に、仕事を失っても、その後、私は仕事を増やすことができました。

また、それなりの期間お付き合いのあるお客様なら、もっとお客様を信じましょう。

　電話やFAX、郵送による対応をやめることの真意も、きっと理解していただけるはずです。

57 相手からの電話は受けたくありませんが、こちらから相手に電話をかけるのは失礼でしょうか?

私は整合性を大切にします。ですから、自分が電話を受けたくなければ、相手に電話をかけることもしません。

電話を受けることにストレスを感じる方もいらっしゃるかもしれません。

ひとり税理士である場合、誰かが電話を取り次いでくれることもなく、かかってきた電話はすべて自分で取る必要があります。

ひとり税理士として活動していると、いつでもどこででも電話を受けられるわけではなく、電話が自由な活動を制約するボトルネックとなる場合も多いものです。

一方で、電話のほうが意思疎通は迅速に行え、ニュアンスも伝わりやすい面があります。

電話は自分からはかけたい、相手からは受けたくないという気持ちは誰しもあるでしょう。

しかしながら、私は、自分から電話をすることはしませんし、かけたくもなりません。

自分自身の整合性がなくなるからです。

電話がかかってくることを自分が迷惑に感じるのであれば、自分が電話をかけたときに相手も迷惑に感じる可能性もあります。

自分がされて嫌なことを、相手に対してすることは整合性のない
ことです。
　考えすぎかもしれませんが、私は整合性を重んじます。

　同様に、人を雇った場合、その人に強いて、自分はしないという
のはよくありませんし、相手は不満を感じることでしょう。
　お客様に経理をおすすめし、納税を促すなら、自分自身も同様に
行う整合性が必要です。

　本書でお伝えしている事柄についても、整合性を失わないように
しています。
　たとえば、自分が発信をやめていたら、誰かに発信しましょうな
どとすすめることはできません。

58 頻繁に連絡があるお客様に対してどのように対応すべきでしょうか？

対応や回答を工夫することも大事です。

お客様と顧問契約を結んでいる場合、特に断りがなければ、随時お客様からのご相談に対応するという状態でしょう。

「毎日相談があるわけではないし、最初のうちは相談が多くても、そのうち減ってくるだろう」と誰しも考えるかもしれません。

しかし実際には、連日、頻繁に連絡や相談があり、対応しきれず困る場合もあり得ます。

お客様からの電話やメール、チャットが多すぎると、集中力も落ちますし、作業もはかどりません。

電話が苦手な方は本当に困るでしょう。

そのような状況を未然に防ぐには、連絡を取り合うタイミングをルールで決める、事後的ルールを決めることが必要です。

ときには、こちらの対応頻度でコントロールすることも欠かせません。

短時間でも打ち合わせをしたほうが早ければ、そうしましょう。

一方で、同内容の相談や連絡をいただくことがないよう工夫する

ことも大事です。

　何度も同じ内容の相談や連絡をいただくのは、自分の説明が不足しているからかもしれません。

　「何度も同じ相談ばかりしないでほしい」と思う前に、自身の伝え方をよく見直すべきです。

　繰り返される相談や質問についてはチェックリストやメモを作成し、お客様にFAQをお渡ししておきましょう。

　ご自身の仕事の整理にもつながります。

59 お客様からのメールが多すぎて、返信しきれません。どうすればよいでしょうか？

そもそも返信し切れないほど大量のメールを受けてしまう状況に問題があるでしょう。まずはそのような状況となっている原因について、よく考えるべきです。

メールの返信には手間も時間も要します。

さらっと返信するわけにはいかない内容である場合もあります。

とりわけ税務にかかる質問は、調べなければ返答できない場合もあるでしょう。

実際、「メールをしていたら１日が終わってしまった」「日中の仕事が終わってからメール」ということもありえます。

メールも仕事ではありますが、メールだけが仕事ではありません。

返信しきれないメールをどうするか、とても悩まされる問題です。

メールの返信効率が向上するソフトなどというものはありませんし、ショートカットキー、タッチタイピング、スニペットツールなどで多少は効率が上がりますが、根本的な解決にはなりません。

AIに答えてもらうこともできますが、適切な内容ではない可能性もあります。

「メールを返しきれない」という課題を解決するために必要なのは、「メールをいかに効率よく返すか」という視点ではありません。

そもそも「返しきれないメール」を受け取っていること自体が問題なのです。

　私は効率化には自信がありますが、「返しきれないほどのメール」を受け取っていたら、いくら効率化しても追いつきません。
　だからこそ、受ける仕事量を増やしすぎないことに加え、メールによるやりとりを要しない仕事もつくっています。
　随時メール相談可というお客様が増えれば、必然的にメールも増えるからです。

　私の場合は、随時メール相談可としているのは、税理士業の顧問、ひとり税理士養成塾、メールコンサルティング、メール顧問のお客様、のみに限定しています。
　顧問先のみならず、付き合いを広げすぎてもメールは増えるものです。

　まずは今、どのようなメールを受け取り、減らせるものはないかをチェックし、多すぎるなら、メールを減らしつつ、仕事も減らしていきましょう。
　私は1日に5件メールがあれば、多いと感じます。
　その程度に感じるほどに減らしたいものです。

60 メールで返答する場合と口頭で返答する場合をどのように使い分けるべきでしょうか？

お話したほうがよいときは、口頭にしています。

　メールのメリットは、履歴が残ることです。

　メールは後から検索して見返すこともでき、ある種の「証拠」として文面が残るため、「言った言わない」といった問題が減ります。

　税務上の判断をお伝えする場面でも、口頭によるか、文面が残るメールで回答すべきか悩む場合もあるでしょう。

　証拠を残さないためというネガティブな理由ではなく、税理士が一方的に判断すべき事柄ではなく、お客様の要望を聞き取りながら調整的な判断を要する場合には、直接対面でお話しするほうが適切な場合もあるからです。

　そのような場合には、私はメールで「直接お話ししたい」旨をお伝えし、口頭で回答するようにしています。

　「話す」ということであれば電話による方法もありますが、私はお互いの顔を見てお話しすること（オンラインであっても）が大事だと考えているので、電話ではなく対面・オンラインによる対話を選ぶようにしています。

電話は相手の都合にお構いなく唐突に話しかけるものですし、電話をする日時をメールでわざわざ調整するくらいなら、Zoom等のオンラインツールを使いましょう。

　お客様が電話対応しかしておらず、オンラインツールの使用に慣れていらっしゃらない場合には、導入から使い方までサポートするようにしています。

　「お客様のせい」だけにしてはいけません。

61 返信メールはどのくらいのスピードでお返しすべきでしょうか?

私の場合、翌営業日までにお返事するようにしています。

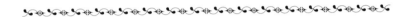

　いただいたメールに直ちに返信すべきか否か。

　もちろん、メールへの返信はすぐにしたほうがよいでしょうし、適度な速さの返信は顧客満足につながると私も考えています。

　ただ、あらゆるメールについて、即座に返信するわけにはいかないもので、よく考えてからお返事せざるを得ないメールもなかにはあることでしょう。

　他の仕事もあれば一日中メールばかり見ていられませんし、プライベートな時間まで仕事のメールを見てもいられません。

　別のお客様との打ち合わせ中や夜中にいただいたメールには対応できないはずです。

　私は、
・いただいたメールに対する返信は翌営業日までに行う
を基本ルールにし、日中にいただいたメールはおおむねその日のうちに返信するようにしています。

　ただし、無理はしていません。

めったにありませんが
・すぐに返信できない
・返信の内容を書くのに時間がかかる（調べる必要がある）
・他に集中したいことがある
といった場合には、その旨と「◯日まで時間をいただけないです
か」とお伝えするようにしています。
　メールにまったく反応しないのは好ましいことではありません。
　また、メールのやり取りで「あれ？（これで終わり？）」という
終わり方をしてしまわないように、極力、自分が最後に返信して終
わるように努めましょう。

　とりわけ、メールでのお礼は欠かさないようにすべきです。
・資料をいただいた
・教えていただいた
・日程が決まった
・打ち合わせ後
・ご入金があった
といった際には「ありがとうございます」の一文で終えるようにし
ています。

お客様に困ったときに生じるギモン

62 お客様から急なキャンセルや変更があったとき、どのように考えるべきでしょうか？

さほど気にしませんが、繰り返されるお客様であれば解約を申し出ます。

❦❦❦❦❦❦❦❦❦❦❦❦❦❦❦❦❦❦❦❦❦❦❦❦

　打ち合わせの約束のキャンセル、変更があるのはある程度やむを得ないことだと考えていますし、事前に申し出がきちんとあれば、私は快くお受けしています。

　ご自身の体調が思わしくない場合はもちろん、ご家族の体調が思わしくない場合のキャンセルや変更も問題ありません。

　むしろ、そういったご事情があったとき、過度に無理をせず相談していただける関係性を築いているつもりです。

　しかしながら、キャンセルや変更が多すぎるお客様とは信頼関係に問題が生じます。

　どこかのタイミングで関係性を見直す必要もあるでしょう。

　約束をする、予定を入れるということは、自分や自分の家族、他のお客様へ割くべき時間を使うわけで、極端な言い方をすると「命（＝自分や他のお客様の持ち時間）」を削って対応しているわけです。

　そのように割いた時間を軽々しく扱われたなら、簡単に見過ごすわけにはいきません。

　もし、そのようなことを容認してしまっては、約束をきちんと守っていただけるお客様に申し訳がたたないでしょう。

　そのキャンセルや変更の理由によっても判断は変わってきます。
　約束の日時を間違えていたというのであればいたしかたありません。

　もし、「他の仕事の予定が入った」という理由であれば、こちらの優先順位が低いという可能性があります。
　通常、予定は自らの意志で入れるものであり、自然に入るものではないからです。

　頻繁にキャンセルや変更、時間に遅れるなどといったことがあるなら、そういった優先順位であることを受け入れたうえで今後もお付き合いしていくのか、今一度考えてみましょう。

　逆の立場でも、過度な無理をせずに相談し合える関係性を築いておきたいものです。
　私も交通事故のときをはじめ、約束の変更をお願いしたことがあります。

　もちろん、お客様に約束を守ることを求めるのであれば、まず、自らが率先して約束を守ることが欠かせません。

63 済んだ仕事に対するご入金をいただけないときはどのように催促すべきでしょうか?

私は事前入金をお願いしつつ、支払期限の翌日に連絡しています。

　すでに終えている仕事について、なかなかご入金いただけないこともあり得ます。

　そんなとき、

「催促したら嫌がられるだろうか…」

「お金のことは切り出しにくい…」

「うるさがられるかもしれない…」

などと躊躇して、催促できないこともあるでしょう。

　私も以前はそのようにためらっていた時期がありました。

　催促せずともそのうちご入金いただけると高をくくっていたら、本当に何か月も入金いただけないことがあるかもしれません。

　その間、思い悩んでいる時間も、考えてみればもったいないことです。

　支払期限の翌日に連絡すると決めましょう。

　すぐに催促したらお金にうるさい人間だと思われないだろうか、と、ためらう気持ちもわかりますが、いずれ催促するのであれば、今催促しても同じことです。

　たとえば、「10月分の顧問料のご入金が確認できておりません。恐れ入りますが、おてすきのときにご確認いただけますでしょうか」といったメールを送りましょう。

　ただし朝一番で催促するのはせっかちな気もするので、私の場合、正午前後に催促するようにしています。

　また、請求書への支払期日の明記は必須であり契約書などでもしっかり確認できるようにしておきましょう。

　契約書上の支払期日が土日祝日に当たる場合にどうするかも決めておきたいものです。

　なおかつ、私は、顧問料、単発相談を含めて事前入金をお願いしています。

　事前入金であれば、もしご入金がない場合は、仕事をとめるということができるからです。

　新規契約の場合、ご契約いただいた月は顧問料をいただかず、その月末に翌月分をお支払いいただいています。

　事前入金をルール化することもおすすめです。

64 お客様からなかなか資料をいただけないときはどうすればよいでしょうか?

その理由を想定し、できることをしましょう。

　お客様から資料をいただけなかったり、いただくのが遅くなったりするのは、単純に資料を送りそびれたり、忙しくて遅れてしまったという理由もあるでしょう。

　自分ができることとしては、前もって早めにお願いしたり、適切な頻度で連絡を取るといったことです。

　さらには、
・お客様にとって自分の優先順位が低い
・お客様への自分の依頼方法が適切ではない
・お客様の性格的なもの
といった理由が考えられます。

　お客様の中で経理や税務、そもそも自分への対応にかかる優先順位が低いと感じられる場合には、優先順位を上げるべく、お客様に働きかけたいものですが、限界はあります。

　経理や自分への優先順位が高いお客様と出会うべく、自分を磨き、営業を工夫したいものです。

　また、ご自身の依頼の仕方によって、お客様に依頼内容や趣旨が
うまく伝わっていない可能性がないか、次のようなポイントでよく
見直してみましょう。

・依頼の内容に具体性があるか

・専門用語が多く、伝わっていない可能性がないか

・依頼項目が多すぎないか

　また、アナログな資料のやり取りをなくす方法も考えるべきです。

・Dropbox等のデータ共有ストレージを使用する

・Googleスプレッドシート、ドキュメントを使用する

・アナログな資料は打ち合わせ時に手渡しで受け取る

・お客様側でレシートも入力していただき、データにしていただく

といった方法により、データのやり取りの手間を減らすことが可能

です。

　税理士として、資料をいただけないお客様との仕事を継続するこ
とは困難であり、お客様の性格的な理由であるときも含めて、究極
的にはそのお客様との契約を解消することも含め、根本的に見直す
べきでしょう。

65 お客様との連絡が途絶えがちなのですが、どのように捉えるべきでしょうか。

工夫しつつ、そのお客様とは解約する方向で検討します。

　お客様からメールの返信をなかなかいただけない場合、どのように考えるべきでしょうか。

　仕事が滞り、自分だけでなく、お客様も困ることです。

　そのような状況が継続する場合には、自分からの連絡を減らしたり、なくしたりすることも考えましょう。

　ひょっとしたら、こちらからの連絡が多すぎて、お客様からの返信がない可能性もあるからです。

　連絡を取り合うよりも、打ち合わせをしたほうがよい場合もあります。

　打ち合わせの日程だけ決めて（その連絡も滞ると困りますが）、その場で決定し、仕事を進めるようにしています。

　あるいはデータを共有し、頻繁に連絡を取り合わなくても仕事が進むようにしましょう。

　お客様が希望する連絡手段を用いることも大事です。

　メール、チャット、Facebook Messenger、LINEなど、お客様がメインで用いる連絡手段があるはずですので、合わせられるなら

合わせています。

　もし、連絡手段を合わせることも難しいなら、お客様との関係性継続については考え直さざるを得ないでしょう。

　私はいかなる連絡手段であれ、連絡が途絶える、コミュニケーションが取れなければ、そのお客様との仕事は困難であると考えています。

　自分に対するお客様の優先度が低いということです。

　そのお客様との仕事は継続すべきではありません。

　「お客様が忙しい」という理由をご自身が許容できるならよいのですが、そうでなければ継続しないという選択肢も考慮すべきです。

　私の場合、お客様にも「忙しくしてほしくない」「時間とお金のバランスをとってほしい」と願う気持ちがあります。

　そのような趣旨の発信をしているため、時間を大事にするお客様に恵まれ、連絡が途絶えることは、今はありません。

66 お客様から値下げを求められたとき、どのように対応すればよいでしょうか？

値下げを求められた時点で負けだと考えています。

　独立したての頃には、お客様から値下げを求められることも少なくないでしょう。

「もう少しなんとかなりませんか……」
「独立したばかりなので、安くしてもらえないでしょうか……」
「思っていたより高いですね……」
などと値下げを求められた場合、どうしますか？

　独立当初、売上が少ないときに条件付きで値下げを受け入れる場合もあり得ますし、実際に私はそうしました。
　もし今、値下げの求めがあればお断りするつもりですし、値下げを求められることはありません。

　もし、値下げを求められるなら、オールオアナッシングということではなく、交渉する術も身に付けましょう。

　たとえば、値下げを受け入れるかわりに、

・会計ソフトへの入力はお客様に行っていただく
・面談や相談などに要する打ち合わせの時間や回数を減らしていただく
・打ち合わせ以外のメール、チャット、電話は受けないこととする
といったことを提案してみましょう。

　消費税の納税義務者か否か、法人であれば利益が出ているか否かなど、条件によって報酬が変動するようにしておくのもおすすめです。

　お客様との関係性という点では、値下げを求められたのが新規のお客様か、継続的なお客様かによっても、対応は変わってくるでしょう。
　新規のお客様からの値下げの求めに応えると、定価でご契約いただいているお客様に対して義理を欠くことになります。

　継続的な依頼を受けているお客様から値下げの求めがあった場合、事情によっては値下げを受け入れざるを得ない場合もあるでしょう。
　そのような場合でも、私なら、プランを変更（毎月の面談を、年に4回、年に1回に減らして安くする）、あるいは継続的な契約を単発（スポット）契約に変更することなどを提案します。

　プラン設定は、臨機応変に契約形態を変える際にも役立つものです。

理由なき値下げは、絶対にやってはいけません。

　「言ったものがち」となり、自分自身、値下げグセもついてしまいます。

　値付けとは、自分自身の値段を決める行為です。

　自分の値段を定め、堂々と世に提示する鍛錬をしていきましょう。

67 あるお客様に解約をお願いしたいのですが、話が切り出せません。どうしたらよいでしょうか？

本当にそのお客様と解約する必要があるとお考えなら、解約に向け、全力で取り組むべきです。

　税理士業、とりわけ顧問契約は、半永久的に続くものです。

　継続してお客様をサポートできることはメリットである半面、継続せざるを得ないという意味ではデメリットでもあります。

　お客様に解約をお願いすべき局面もあるでしょう。

・お客様と考え方が大きく食い違っており、十分なサポートを提供することが難しい

・受け取っている報酬の範囲では、十分なサポートを行えない

・時間をつくるために、仕事を減らしたい

といった理由が考えられます。

　確かに解約のお話は切り出しづらいものです。

　しかし、本当に解約すべきであれば、それをしないことで自分が苦しむだけでなく、他のお客様に対するパフォーマンスが低下するなど、各所に悪影響を生じます。

　決断しなければ前に進めません。

　私も、これまでそうした苦渋の決断があったからこそ、今の自分

があるのです。

　もちろん、お客様との仕事をいきなり打ち切ることはできません。
・契約期間の満了ということで解約を打診する
・十分な期間をとって解約を打診する
・決算対応満了時に解約を打診する
など、区切りとなるタイミングで話を切り出しましょう。

　解約時には、総勘定元帳や申告書控の引き渡し、お預りした資料の返却、顧問料の未払いがないかなどについて確認しておきましょう。

　そして、解約にかけた労力は無駄にすべきではなく、解約に至った理由をよく考えて、次の仕事の糧として活かすべきです。
　また、解約に至る理由は相手の責に帰すべきものではありません。
　どこまでも自己責任としてその理由を考究し、反省し抜くことで、初めて次の糧とすることができるのです。

CHAPTER16

仕事量が適量か悩んだとき に生じるギモン

68 ひとり税理士が結べる顧問契約の適切な件数は何件くらいでしょうか?

私が考える適切な顧問契約の件数は、最大で5件程度だと考えています。

ひとり税理士として顧問契約の件数は何件程度が適切か。

税理士個々のキャパシティ、性格、関与の度合いにもよりますが、1つの目安は10件でしょう。

お客様の決算時期や仕事のボリュームにもよりますが、仮に20件もあったらかなりきついのではないでしょうか。

自分が想定する件数で食べていける価格設定を行いましょう。

100件受けられるという方もいれば、とても無理だという方もいます。

顧問契約の数は、多ければよし、少なければだめというものではありません。

私も独立当初、顧問契約は10件ほどあればと考えていました。

年間100万円の報酬であれば10件で売上1000万円と、目標としやすいことも1つの理由でした。

その後、10件は多いと感じ、だんだん減らし、今、考えているのは5件です。

　今後も増やすつもりはありません。

　顧問業以外の仕事ができなくなるからです。

　顧問先の決算や年末調整事務が重なる時期は無論のこと、顧問のお客様からの問い合わせ、相談に加え、税務署からの問い合わせ、税務調査など、顧問数に比例して仕事量は増えていきます。

　その連鎖を断ち切りたかったのです。

　また、私はお客様と深くお付き合いしたいと考えており、件数を増やすことでそれが難しくなる可能性があります。

　広く浅くお客様と付き合うことを考えるのであれば、多くの顧問先と契約できるでしょう。

　深くお付き合いするか、浅いお付き合いとするか、両者の良し悪しはありません。

　自分の好みや志向性を言語化し、ゆるがぬ確固たるスタイルを確立しましょう。

　周囲や税理士業界の常識に流されないようにしましょう。

　今でも、一般的には、拡大志向がメインです。

　私は「顧問先、何件ありますか？」「顧問先を増やそう！」といった会話が飛び交う場や会合からは距離を取るようにしています。

　価値観の異なる集まりだからです。

69 暇になると不安なので、なるべく暇にならないようにしたいと思っていますが、どのようにお考えですか？

暇があるなら遊びましょう。

　独立後は基本的に何をするのも自由です。

　働くもよし、遊ぶもよし、時間をどう使おうが自己責任であり、自分次第です。

　基本的に自由であるにもかかわらず、独立前に沁みついた慣習から抜け出せず、自ら行動に制約をかけてしまうこともあります。

　手が空いて時間ができたときにどうしたらよいかわからず、戸惑うこともあるでしょう。

　しかし、「手が空きました。何かないですか？」などと指示待ちになるような方は、そもそも独立に向いていません。

　独立後は、すべて自分で判断して行動する必要があり、誰かの指示を待って仕事をするわけではないからです。

　私は時間が空けば空いたで、その間にすべき仕事はいくらでも用意できます。

　セミナー自主開催、動画機材、発信など、自分でタイミングをコントロールできる仕事があるからです。

　空いた時間は仕事に充てようが、勉強に充てようが自由です。
　仕事に関係することばかりでなく、遊んでもかまいません。

　私は暇があれば躊躇せず遊びますし、むしろ暇をつくって遊ぶようにしています。
　ですから、「暇ですることがない」という状態となることはありません。
　独立後は自分で時間管理できるため、時間を自由に使えることがメリットです。

　そして、皆さんに趣味はありますか？
　趣味がないから暇な時間ができてしまうともいえます。
　私は、ゲームや映画、アニメ、漫画、トライアスロン、娘など、趣味の対象が数多くあり、暇になることがありません。

　私は、周囲の方から「毎日そんなことしてるなんて、暇そうですね」「そんなことをしている暇があったら、顧問先を増やした方がいいよ」と言われたことがあります。
　ブログについても、「暇だから書いてるんでしょ？」「暇だと思われるからやめたほうがいいよ」と言われたこともありました。

　暇であることは悪いことではありませんし、私にしてみれば、暇がなく時間に追われている状態のほうがよっぽど悪です。

　多くの場合、税理士は過酷な受験生時代や雇われ時代に趣味を失

ってしまっています。

　独立後に以前の趣味を復活させる、あるいは新たな趣味をつくりましょう。

　その暇を仕事で埋めてはいけません。
　ひとり税理士に定年はないので、定年後に趣味を楽しむ、余暇を楽しむということは難しいものです。
　だからこそ、今を楽しみましょう。
　暇だなどといわずに。

70 時間に余裕がないときに仕事の依頼があったら、どのように考えるべきでしょうか？

その仕事が、やってみたいものなら、受けてみましょう。

〜〜〜〜〜〜〜〜〜〜〜〜〜〜〜〜〜〜〜〜〜〜〜〜〜〜〜〜

　ひとり税理士は、処理できる仕事量に限りがあります。

　時間に余裕があるかという問題以前に、物理的にお受けすることが不可能な状況もあるのです。

　時間に余裕がないときに仕事の依頼を受けた場合に、その仕事が受けたいものならば、多少無理をしてでも受けましょう。

　新たな仕事をお受けすることで、やめるべきものが見えてくるからです。

　私は、仕事の「量」や「要する時間」だけを理由に依頼を断らないようにしています。

　これまで、自分の軸と合わないという理由でお断りした依頼はありますが、時間を理由に仕事をお断りしたことはありません。

　そもそも、普段から持ち時間を目いっぱい使って仕事をしてはいけません。

　時間の余裕がないと、自分の軸と合う「よい仕事」を逃す可能性があるからです。

しかしながら、そのような時間の余裕を持つのはかんたんではありません。

　その余裕をつくるように工夫しましょう。
　今の仕事のうち、
・自分の軸に合わないと感じる仕事
・利益率が低い仕事
・本当は続けたくない仕事
は、積極的にやめていきたいものです。

　多くの場合、時間の余裕をつくる余地は、まだまだあります。
　時間の余裕がないときが、その軸を磨くチャンスです。

71 繁忙期はかきいれ時だと思うのですが、なくすべきでしょうか？

私自身は、どれだけ収入が増えるとしても、繁忙期はなくします。

❦❦❦❦❦❦❦❦❦❦❦❦❦❦❦❦❦❦❦❦❦❦❦❦❦❦

　私自身、もう繁忙期というものはありません。

　というより、繁忙期らしきものが出来上がってしまう前に手を打ちました。

　独立後2年目の冬、個人の確定申告のお客様が増え、このままでは確定申告による繁忙期を迎えてしまうとの危機感から、さまざまな工夫をしました。

　結果的に、独立した後は、繁忙期というものを経験せずにすんでいます。

　独立後の繁忙期はまさしくかきいれ時で、「仕事をすればするほど稼げる」状態になるものです。

　売上に伴う経費（支出＝主に人件費）があれば、利益もお金（手元資金）も減りますが、ひとり税理士であれば人件費は生じません。

　単純に「売上＝利益＝お金（手元資金）」が増えるわけです。

　そう考えると「繁忙期を目の敵にして、なくさなくてもよいのでは？」と思われるかもしれませんが、それでも私は繁忙期をなくします。

お金を手に入れる代わりに、時間を失うからです。

　確定申告による繁忙期があれば、法人のお客様の仕事、税理士業以外の仕事、はたまた遊ぶことができなくなります。

　繁忙期の期間にもよりますが、繁忙期は、通常、12月から3月まで4か月間もそうした日々が続くのです。

　繁忙期で一気に稼ぎ、その後、のんびり過ごすのもありかもしれません。

　しかし、本当にのんびりくつろげるかは疑問です。

　また、繁忙期に稼がないと食べていけない状態ならば、売上の構成や営業方法を見直すべきでしょう。

　ひとり税理士は、固定費（人件費あるいは家賃など）がない、または少ないので、繁忙期に稼がざるを得ないということはないはずです。

　税理士業における繁忙期は、確定申告に追われる冬場だけでなく、法人決算が重なる月や、毎月月初、月末などに生じます。

　繁忙期をなくしたいと考えるのであれば、徹底的になくすよう努めましょう。

72 ひとりでは手に負えない量の依頼を受けたとき、どうしていますか？

今は、そういうことはありません。作業量が多くなる仕事を受けていないからです。

～～～～～～～～～～～～～～～～～～～～～～～～～～～～～

　ひとり税理士の弱点は、こなせる仕事量に限界があるという点です。

　引き受けた仕事量によっては、自分の手だけで足りなくなるということもあり得ます。

　仕事の依頼を受ける前に、具体的な仕事量をよく確認するようにしましょう。

　お客様が依頼時に、

・かんたんな仕事です

・楽な仕事です

・仕事量はそんなにありません

などとおっしゃっていたにもかかわらず、実際はそうでない場合も多いものです。

　実際に資料を見せていただくなど、具体的に確認しておきましょう。

　しかしいったんお引き受けした仕事については、想定を上回る量

であったとしても、自力でなんとかしなければなりません。
・仕事の全部あるいは一部を外注する
・お客様にも入力していただく
・一時的に手伝っていただく
といったことも考えましょう。

　実際、私も手に負えないほどの量の仕事の依頼を引き受けてしまったことがあります。
　記帳代行込みの仕事であり、そのときは休日を返上し、期日までに仕事を終えることができました。

　休日を空けていたことで救われましたが、それがなければ、仕事を期日までに終わらせることは難しかったでしょう。
　普段から余力を持っていることが重要です。

　引き受ける仕事量に関する私の決め事は、期限後申告をせずにすむ分量にとどめるということです。
　そのように決めておかないと、際限なく引き受けてしまうことになってしまいます。

　紙のやり取りが生じる仕事をお受けしないのも、私にとってリスクヘッジの一つです。
　データの用意がないお客様の場合には、お客様ご自身にデータ入力をお願いする場合もあります。
　データで受け取れれば、プログラミングを駆使するなど、効率化

の余地が広がるからです。

　そして現在は、記帳代行や物量で勝負する仕事をお引き受けして
いません。

　出版の仕事については、一定期間である程度の物量が必要となる
ため、執筆時期や発売時期が重ならないよう工夫してお引き受けし
ています。

　その他の発信や自主開催のセミナー、個別コンサルティング、講
演といった仕事は、ある程度自分でコントロールできる仕事です。

　こなさねばならない仕事量が少ないこと自体が、最も効率的とい
えます。

　放っておけば仕事は増える一方です。

　仕事を増やしすぎないようにするとともに、仕事が増えているこ
とを察知したら、すぐに手を打つようにしましょう。

CHAPTER17

プライベートにどれくらい
時間を割くべきか悩んだと
きに生じるギモン

73 夏場や年末年始の休暇期間はどのくらい休むか、いつも悩むのですが、どのようにお考えでしょうか？

私の場合、夏場や年末年始など、世間の休暇期間中は休みません。

独立前は夏休みや年末年始の休暇が楽しみでした。

しかし、独立した今では自由に休みを取ることができます。

夏休みも年末年始の休暇も、どれだけ取ろうが自由です。

しかしその時期に休みを取る必然的な理由がなければ、無理に取る必要もありません。

私は世間が休暇期間となる夏休みや年末年始の期間中には休暇を取りません。

独立後、その期間中に休暇を取ったことがないので、お客様にその案内をしたこともありませんし、ホームページやブログに休暇を告知したこともありません。

といって休みなしで働き続けているわけではなく、適度に休むようにしています。

丸１日でなく、１〜２時間休んだり、半日休んだりすることがあります。

普段から、土日祝日より平日の日中に休むようにしています。

多少は、人が少ないからです。

独立後、休みは自由に取ればよいのではないでしょうか。

夏休みや年末年始休暇のお知らせをするのは、その期間中はお客様対応ができないことを周知するほか、慣習的になんとなく行っている場合もあるかもしれません。

普段更新していないホームページやブログで、そういったお知らせをする必要はないでしょう。

こうした「なんとなく」していることをなくしていかないと、効率化は進みません。

ところで、私はお客様に対しては平日日中であれば随時対応できるようにしており、盆・正月関係なく、お客様からご要望があれば承るようにしています。

これは、日頃隙を見つけては遊んでいることの贖罪でもあります。

顧問先や新規のお客様に随時対応できるよう備えるとともに、平日でも気兼ねなく遊べるように、

・メールによる連絡
・ネットによる仕事の依頼受付（自動返信メールで対応）
・常にパソコン（スマホも）を持ち歩く

といったことを徹底しています。

通常のスタイルか、私のようなスタイルか、どちらを選ぶかは自由です。

ただ、土日祝、平日でも夜の対応は基本的に行いませんし、平日

日中はメールソフトなどの通知機能をオフにしています。

　それでも、お客様への対応は、それなりの速さと精度で行えているつもりです。

　また、「盆や正月、休日は電話が鳴らないから仕事が捗る」という話を聞きますが、それ以外の日は仕事が捗っていないということになります。

　であれば、常に仕事が捗る状態をつくればよいのではないでしょうか。

　私はそのようにして平日日中のパフォーマンスを上げています。

　しっかり休むためには、「捗ること＝効率化」が欠かせません。

74 家庭（家族）を大事にしたいのですが、お客様にどのように思われるか心配です。ご理解いただくためにはどうすればよいでしょうか？

私であれば、家族を大事にすることを嫌がるお客様の仕事はできませんし、しません。

　家庭（家族）の状況は年々移り変わるもので、両親や配偶者、子どもなど、それぞれの状況に応じ、必要となる時間もお金も変化します。

　家族との時間を犠牲にして仕事をする時代はすでに過去のものです。

　家族と過ごす時間は、失ったら取り返しがきくものではありません。

　仕事をないがしろにするということでなく、「仕事と家庭のバランスをとる」ということを考えるのが大事です。

　自分は無論のこと、家族も仕事もすべて大事にする、それを可能とするのが、独立することの意味でもあります。

　家族を犠牲にしてまでする仕事に、何の意味があるのでしょうか。

　家族か仕事かではなく、家族も仕事も大事にできます。

　「家族を優先するなんて！」とおっしゃるお客様は、自分自身のみならず、家族にとって好ましいお客様ではなく、お付き合いを続

けるのは難しいでしょう。

　家族を優先するということは、仕事を失うことへの覚悟も求められます。

　一方で、「家族を優先する」という軸に共感していただき、仕事につながる可能性もあります。

　本心を偽ってまで仕事を増やすか、自分に正直になり、そのうえで仕事を増やす工夫をするか、どちらを取るかは自分次第です。

　また、「仕事を優先すること＝プロフェッショナル」ということでなく、「仕事にかける時間＝仕事の価値」ということでもありません。

　そもそも、独立後は、勤務時代のように1日8時間きっちり仕事に時間を割く必要はありません。

　自宅で仕事をしていれば、仮に8時間仕事に時間を割いたとしても、家族に割く時間は十分取れるでしょう。

　家族を犠牲にしていると感じるのは、仕事に時間をかけすぎているということです。

　「値付け＝仕事選び」が間違っている可能性もあります。

　家族を優先する生き方は、決して楽な生き方ではありません。

　むしろ、難易度が高いといえる生き方です。

　家族を省みずに仕事に専念したほうが、ある意味楽かもしれません。

　家族を優先したいなら、今一度、仕事に割いている時間を見直してみましょう。

　家族との時間は効率化の対象ではありませんが、仕事に割く時間は効率化により圧縮できるものです。

75 趣味を増やしたいと思うものの、のめりこんでしまわないか不安です。どのようにコントロールすればよいでしょうか?

のめりこめばよいのではないかと思います。

　趣味を持ちたい、増やしたいという声をよく耳にします。

　せっかく独立したのであれば、時間の融通が利く分、仕事だけでなく「趣味（遊び）」にも時間を割いて楽しみたいものです。

　税理士は活動期間が長い仕事であり、定年を迎えてから遊ぶという発想は持てません。

　気になる趣味があれば、すぐにでも始めましょう。

　一方で、のめりこむことへの不安の声も耳にします。

　趣味が楽しすぎてのめりこんでしまい、仕事が手につかなくなる、サボってしまうことが不安だということでしょう。

　ですが、仕事をしなければ食べていけない独立後は自制心が働き、そうそうサボらないものです。

　私の経験上、心配するほどのことはありません。

　私はトライアスロンやゲーム、漫画・アニメの視聴、映画鑑賞といった趣味を持ち、娘との日々の暮らしも趣味の範疇として捉えています。

　どれも徹底的にのめりこんでおり、時間がいくらあっても足りません。

　それでも、仕事は一切手を抜かず、丁寧に手がけるようにしています。

　プロとして当然のことです。

　趣味に没頭しすぎて仕事が疎かになる可能性はゼロとはいえませんが、後先を気にして何もできなくなるくらいなら、一度のめりこんでしまいましょう。

　お金は後からいくらでも取り戻せますが、時間を取り戻すことはできないからです。

　なお、私は、趣味にのめりこむといっても、徹夜はしません。

　翌日の仕事に影響が出るからです。

　私は平日早朝4時（起床時間）から午前中いっぱいは仕事に専念しています。

　当然のことながら趣味に時間を割くこともありません。

　また、仕事量を減らして時間をコントロールできるようにしています。

　趣味も仕事も時間が必要だからです。

　さらに、日々の仕事の習慣を守り、仕事のペースを維持するようにしています。

　このように、趣味にのめりこみすぎないように歯止めをかける工夫もしているのです。

仕事と同じくらいに、のめりこめる趣味を見つけましょう。

　多くの場合、仕事は後から修復可能ですが、趣味にかけるべき時間は刻一刻と過ぎるものだからです。

　時間の経過とともにものごとへの興味は失われ、趣味にのめりこむチャンスを逃してしまいます。

　仕事だけの人生で、果たして満足できるでしょうか？

　満足できないのなら、してみたいことに全力でのめりこんでみましょう。

76 新しく始めたいことがありますが、なかなか時間が取れません。どうしたら新しいことが始められるでしょうか?

私は、新しいことを先に始めるようにしています。

～～～～～～～～～～～～～～～～～～～～～～～～～～～～～～

　時間ができたら新しいことを始めようとしていても、なかなか始められないものです。

　「いつか」とか、「落ち着いたら」というような都合の良いタイミングは、いつまでたっても訪れることはありません。

　新しく始めたいことがあるときは、新しく始めたいことを先にするようにしましょう。

　時間の使い方を考えざるを得なくなるからです。

　新しく始めたいことを先に始めて時間を使うと、今までやっていたことで、

・実は無駄なこと

・やりたくないこと

・短縮できること

が見えてきます。

　それらの時間を圧縮しなければ、時間をうまく使えるようにはなりません。

自分がそれを本当に始めたいのか確かめるためにも、まず始めましょう。

　もしかすると、少し体験すれば気がすむ程度のものかもしれません。

　気にかかる程度のものであれば、始めてみたら気がすむ可能性もあります。

　そのようにして、自分が本当にしたいと思うことを1つずつクリアにしていくのです。

　「人生は有限であることをどれだけ本気で考えられるか」ということでもあります。

　やりたいと思うこと、新しく始めようと思うことを、「繁忙期だから」「決算期だから」「月末だから」といった理由で後回しにするのは、もうやめましょう。

　なんのために厳しい税理士試験をくぐりぬけ、決して楽ではない「ひとり税理士」の道を選んだのか、今一度よく考えてみるとよいでしょう。

CHAPTER18

人から言われたことが気に
なるときに生じるギモン

77 「人を雇うべきだ」と人から言われたら、どのように受け止めるべきでしょうか?

せっかくの助言ですからお礼は申し上げるべきですが、軸を変える必要性は感じません。我が道を行きましょう。

　私は、他人から指摘されたり、意見されたくらいでは動じることのない「ぶれない軸」を持っています。

　たとえば、仕事の依頼主が、
・人を雇っていない人には仕事をお願いしたくない
・人を雇うつもりがない人には仕事をお願いしない
・人を雇っていない人は信頼できない
とおっしゃるならしかたありません。
　その仕事とは縁がなかったのだと割り切ります。
　私は、仕事の依頼を受けるために自分の軸を曲げるような無理はしません。

　お客様となり得る方に限らず、誰かから、「人を雇うべきだ」と言われることがあるかもしれませんが、私は軸を曲げません。

　税理士法に定められているわけではなし、人を雇う・雇わないは個々が自由に判断することです。

　私は税理士業界に雇用を生むかわりに、税理士に限らず独立する
人を増やすべく、努力しています。
　雇用を生むことと同じだけのインパクトがあると、私は考えてい
ます。
　もし私が人を雇ったとしても、せいぜい1人か2人、多くても10
人程度が限界かと思います。
　しかし、独立する人を増やす働きかけは、より多くの成果につな
がる可能性を秘めています。
　人を雇うことだけが、税理士業界に対する貢献手段ではありませ
ん。

　逆に、「人を雇ってはいけない」とも私は言いません。
　「人を雇うこと、すなわち雇用を生むこと」に大変な意義がある
ことは、私も理解しているつもりです。
　ただ、それを背負いすぎる必要はないでしょう。

78 「税理士が自宅で仕事なんて、事務所くらい持つべきだ」と言われましたが、どのように考えるべきでしょうか？

私は誰が何と言おうと、自宅で仕事をするのがベストだと考えています。考えを改める気はありません。

自宅を事務所にすることのメリットは、

・家賃がかからない

・移動の必要がない

・モノが１つですむ、モノが分散しない

といった点にあります。

もちろんデメリットもありますが、それを超えるメリットがあるので、自宅で仕事をしているのです。

確かに「事務所を持つべき」という考え方もあるでしょう。

・事務所を構えることが税理士としての成功の証

・自宅事務所では税理士として信用を得られず、仕事を依頼していただけない

という考え方もあります。

しかし、「事務所を持てない」のと「事務所を持たない」ことは似て非なるものです。

　お金がなくて事務所を持てないのではなく、あえて事務所を持たないということであれば、何ら問題はありません。

　依頼主が「事務所くらい持つべき」とお考えになり、依頼がなくなるなら、あきらめればよいだけです。

　事務所の有無で税理士の真価が問われるわけではありません。

　仮に事務所を持っていたとして、その有無により価値判断する依頼主であれば、次はその立地や所在地、規模の大小などで価値を判断するでしょうし、長くお付き合いすることは難しいでしょう。

　そのような不毛な価値判断にお付き合いしていてもキリがありません。

　堂々と自宅で仕事すべきですし、自宅が事務所であることで萎縮する必要もありません。

　仕事の真価は、事務所の有無に左右されるものではないと心得ましょう。

79 「税理士は接客業なんだから、スーツくらい着るべきだ」と言われましたが、どのように考えるべきでしょうか？

私はスーツを着ていません。自分なりのドレスコードがあるだけです。

　世の中、仕事をしている男性の大多数は、スーツを着用しています。

　クールビズやテレワークという流れはあっても、スーツ着用が主流です。

　税理士であればスーツを着用すべきか否か。

　着用したほうが無難であることは、間違いないでしょう。

　しかしながら、「無難である」という理由だけで判断するのがよいことなのでしょうか。

　積極的にスーツを着たいと考えるのであればよいのですが、
・暑苦しいし堅苦しい
・フットワークが鈍る
・スーツを着用する意味を感じない
というのであれば、スーツの着用をやめてみましょう。

　お客様によってスーツを着用するか否か、変える方法もあります。

　私は、すべてのお客様との対応でスーツの着用をやめました。
　そのことが原因で失ったであろう仕事もありましたが後悔していません。

　ただ、自分なりのドレスコードは決めておきましょう。
　私の場合、
・ジャケットは着用する
・着用するものはモノトーンを主体としてシンプルなものとし、ストライプ、チェックの入ったものは着用しない
・半袖のYシャツは着用しない
・短パンはNG
といったことを決めています。

　スーツであっても、しわが寄って汗染みが目立つ、奇抜な色使いのものを着用すると、相手の心証を害するかもしれません。
　高価なものやおしゃれなものを身に付ける必要はありませんが、最低限、自分で定めたドレスコードに則るようにしましょう。

　また、自分で定めたドレスコードであれば、「ラフな格好ですみません」「こんな格好ですみません」などと弁解がましいことをいちいち言わないようにしましょう。
　堂々と振舞うべきです。
　自分の定めたドレスコードがお客様と合わないということであれば、そもそもそのお客様との仕事は続かないということかもしれません。

80 税理士業の先輩から叱られました。そんなとき、どのように受け止めていますか？

どのようなことで叱られたかにもよりますが、自分のポリシーに照らして受け止めましょう。感謝の念を抱きつつ、気にしすぎず、やり過ごすべき時もあります。

今日に至るまで、長い時間をかけて出来上がってきた税理士業界の定型的な考え方というものがあります。

ひとり税理士というあり方は、そうした考え方に照らすと異端ともいえ、ときにはお叱りを受けることもあるでしょう。

しかし、時代の変化に合わせて税理士業も変えていったほうがよい部分もあると、私は考えています。

この10年でも、業界には大きな変化がありました。

コロナ禍という特殊な状況があったとはいえ、相手の顔を画面越しで見ながらオンラインで打ち合わせをするといった状況が増えるるなどと、10年前に誰が想像できたでしょうか。

この先10年の間にも、また別の変化があることでしょう。

ものの考え方、捉え方も時代に応じて変化していくものです。

従来の基準でお叱りを受けることがあっても、自分の軸を貫くべきときもあります。

何かを判断するときは、常にお客様と自分との関係性に基準を置

きましょう。

　お客様にとって必要だと思うことであれば、誰からなんと言われようと、自分の軸を貫くべきです。

　たとえば、クラウド会計ソフトは従来の会計ソフトと異なり、
・インストールの必要がない
・従来のソフトに比べてデザインがよい
・データ連携がスムーズ
・Macでも使える
といったメリットがありますが、登場した当初、税理士業界内では、
・クラウドで使用する会計ソフトなんてリスクがある
・伝統的な会計ソフト以外のソフトを使うのは…
・税理士なしで経理業務ができたら、商売あがったりだ
といったマイナスイメージで語られることが多く、税理士の敵とさえ言われていました。

　クラウド会計ソフトは、販売戦略や方向性など、確かに好ましからざる面もあり、手放しで褒められるものではありませんが、税理士以外でも会計ソフトを使いこなせる可能性を示した点は、大きな成果だと思います。

　昨今ではお客様がクラウド会計ソフトを希望されることもあります。
　クラウド会計ソフトが使えない税理士を選ばない、あるいは極端な場合、税理士を代えてしまうことさえあるようです。

今でも、クラウド会計ソフトをはじめ、IT関係では、否定的な声もあります。

　こうしたクラウド会計ソフトを使っていることを他の税理士から咎められたからといって、クラウド会計ソフトを使わないのでは、お客様の要望に対応できないでしょう。

　自らが望む生き方で、お客様にとって良い貢献ができると考えるのであれば、自分の軸を貫くべきです。

　誰かに叱られたり咎められたりしたくらいで揺らぐ程度の軸ならば、どのみち長続きしませんし、先々、通用しないでしょう。

81 「セミナー業などせずに、税理士業に集中すべきだ」と言われましたが、どう考えるべきでしょうか？

私はセミナー業にも注力しています。確固たる意志を持ち、自分の方向性は自ら定めましょう。

　税理士なら税理士業だけに集中して、セミナー、講演や執筆など、余計な仕事はすべきでない、という意見を頂戴することもあるでしょう。

　人を雇っていれば、税理士業の主要部分をスタッフに任せ、自分は事務所、法人の運営に注力するといったアプローチもあります。
　しかし、これはひとり税理士には不可能です。

　ひとり税理士として税理士業にのみ集中したときに、より以上のパフォーマンスを出せるでしょうか。
　集中したからといって、必ずしも良い結果が得られるとは限りません。

　また、一口に税理士業といっても、その業務内容は広範多岐にわたります。
　それら税理士業務のすべてを取り扱うことは難しく、ある程度絞って対応する必要もあります。

たとえば医療法人にかかる専門性の高い税務、難解な組織再編税制、国際税務など、税理士であればだれでもなんでも対応できるわけではありません。

　糧を得るために全体としてのバランスをとる必要があるのは、税理士業の範疇における場合と同様、売上の柱とする他の業務がある場合も同じことです。

　また、多くの顧問先を持っている場合、それぞれのお客様に集中できるかという問題も生じます。
　個々のお客様に向き合いきれず、中途半端な対応となる場合もあるかもしれません。
　税理士業だけに集中しても、問題が生じないとは言い切れません。

　さらには、遊ばずに仕事に集中すべきだ、などという話にもなり、キリがありません。

　１つのことに集中するのは大事なことですが、人生においては意外と複数のことができるものですし、相乗効果を得られたりするものです。
　たとえば、書く仕事、話す仕事をしているからこそ、現在の私の税理士業が存立しているのであり、もし、税理士業だけに専念していたら、今のようなパフォーマンスは出せなかったことでしょう。

　時間は有限であり、いたずらに仕事を増やすことをせず、モチベーションを保てる仕事、飽きずにできる仕事に取り組むことが大事です。

　飽きてしまえば、その仕事に集中することも難しくなります。

　仮にお客様から「セミナー業や執筆業、ブログやYouTubeの配信などせず、税理士業に集中してほしい」、あるいは「他のお客様に時間を割かないでほしい」などと言われるようであれば、そのお客様とのお付き合いは見直しましょう。

CHAPTER19

同業や他士業との付き合い
方に悩んだときに生じるギ
モン

82 同業との付き合いをどのように考えるべきでしょうか?

私の場合、気の合う方と、発信を通じ、存分にお付き合いさせていただいています。

税理士であれば誰とでも気が合うというわけではありません。

とりわけ、通常の税理士とは異なる価値観を標榜するひとり税理士は、通常の税理士と容易には気が合わないかもしれません。

私自身、
「お客さん何件?」
「事務所はどこ?」
「繁忙期ですね、がんばりましょう」
といった会話にはなじめません。

同業だから付き合い、仲良くするという考えは私にはなく、付き合いたい、仲良くしたい方がたまたま同業であるといった感覚です。

「縦のつながり」がないひとり税理士は、「横のつながり」が欠かせません。

しかしながら、私にしてみれば、「横のつながり」というよりむしろ、「ななめ」くらいのつながりがちょうどよい気もします。

　では、そのようなつながりをどのように見つけるか。

　皆さんは、ご自身のことをきちんと表に出して発信していらっしゃるでしょうか？
　将来のお客様に向けた発信同様、そのようなつながりに向け、自分から発信していかないと、何もないところからつながりは生まれません。
　いざ付き合ってみても、合う合わないということもありますし、「つながり」が「しがらみ」になってしまうことも少なくありません。

　私は、ネットで自分を出すということが「横のつながり」をつくることにもなると考えており、実際に、現在お付き合いしている気の合う税理士の方とは、ネットで知り合っています。
　覚悟を持って自分を表すか、手のうちを明かすということが大切です。
　自ら腹を割らずして、相手とのよい関係は築けません。
　相手がお客様であれ、同業であれ、そのことは変わりがありません。

　相手とのよりよい関係性を築く未来の礎として、自分自身を発信することは欠かせません。

83 好まない会合のお誘いは、どのように断るべきでしょうか？

行かずにすませる方法を全力で考えます。

～～～～～～～～～～～～～～～～～～～～～～～～～～

　定期的に好まない会合がある場合、思い悩む多くの時間に加え、お金も失うかもしれません。

　対面による会合が増えつつある昨今、しがらみも増えつつあります。

　嫌々参加している会合なら、根本から断つ方法を考えましょう。

　そもそもひとり税理士には、仕事を任せられる相手はありません。

　人を雇っていれば、誰かに仕事を任せて会合に行く時間も作れるでしょうが、まずそうした融通は利かないことを肝に銘じるべきでしょう。

　その会合は、目の前の仕事を放り出してまで行かねばならぬ会合でしょうか。

　今、その会合に時間を割いて、本当によいのでしょうか。

　私なら、その会合に行かずにすむ方法を全力で考えます。

　今では、そういった会合はなくなりました。

　会合への参加を必然とする状況を徹底して避けているからです。

　定期的な会合への参加を要する場（会やコミュニティ）には出向かず、参加せず、距離を置くようにしています。

　現在、好まない会合があるのであれば、少しずつ減らし、以後は未然に防ぎましょう。
　会合に参加することにより享受できるメリットがある場合でも、デメリットとの比較により、よく考えるべきです。
　仕事を得られたり、付き合いを継続させられるというメリットを捨てるべきときもあるでしょう。
　私も断腸の思いで捨て去ったものがあります。
　誘っていただくこと自体はありがたくても、嫌々行くのでは申し訳が立ちません。

　また、私は、自分が主宰するコミュニティでは定期的な会合を持ちません。
　つながりがしがらみになるのを避けるためです。

84 士業向けにサービスを提供しようと思いますが、どうでしょうか?

私自身、「士業」というくくりを好みません。

〜〜〜〜〜〜〜〜〜〜〜〜〜〜〜〜〜〜〜〜〜〜〜〜〜〜〜

「士業」といえば、税理士のほか、弁護士や司法書士、行政書士、社労士などが代表的なものですが、これらをひとくくりにする意味は、はたしてどこにあるのでしょう。

税理士の場合、メインとなるビジネスモデルは顧問契約により報酬を得るスタイルであり、他士業とはビジネスモデルが異なります。

それぞれビジネスモデルが異なる士業をひとまとめに対象としてはいけません。

サービスを提供する側として、対象を士業に限る必要はないと考えていますし、利用する側としても、「士業」をひとまとめに取り扱うサービスには気をつけています。

もちろん、他士業から学ぶべき点は多々あり、私が単発の仕事を増やしたのも、通常、顧問契約のない司法書士や行政書士のビジネスモデルからヒントを得たからです。

同じ1000万円を稼ぐにしても、士業の業種が異なれば戦略も異なってきます。

　一方で、他士業とのつながりは大切で、有事に仕事をお願いできる方を見つけておきたいものです。

　私は、

・対応が早い

・きちんとした話ができる

という方にお願いしています。

　そのような方をどうやって見つけるか。

　交流会などに行くのもよいでしょうが、自らが発信し、サービスを提供することも大事です。

　ただし、士業向けに絞る必要はありませんし、そうしないほうがおすすめです。

　発信していれば、共感していただいた方に集まっていただけます。

　私はそのようにして他士業の皆さんと出会ってきました。

　士業向けのサービスではなく、士業に対しても発信をし、サービスを提供していきましょう。

85 同業者同士、気軽に無料で聞き合えればよいと思うのですが、そのような関係性を築くにはどうしたらよいでしょうか？

私は、同業者同士、気軽に聞き合える関係性を築くのは難しいと考えています。

　独立してわからないことがあったときにどうするか。

　税理士の友人に聞けば無料でアドバイスしてくれることもありますし、それはとても助かることでしょう。

　税理士会などの付き合いで仲良くなり、なんでも聞き合える仲になることもあるかもしれません。

　しかし、同業者同士で気兼ねなく聞き合える仲を築くということは、なかなか難しいと感じています。

　税理士は各々が得意とする領域でそれぞれの仕事をしているわけで、いつも無料で教えていたのでは商売あがったりです。

　聞いてばかりいたのでは、聞くほうも気兼ねすることでしょう。

　お互いが同じくらい聞き合える関係性を築くというのは、意外と難しいものです。

　私もFacebookで気軽に聞き合えるグループをつくっており、質問や相談に対してやり取りをしています。（新規加入は停止中）

　しかしながら、個別案件については聞きにくいものですし、どこ

か遠慮がちなところもあります。

　対価を支払って、あくまで仕事として相談したほうが、お互い真剣に取り組めるものです。

　ひとり税理士として、相談窓口をつくりましょう。
　私も窓口を用意していますし、他の税理士の相談窓口を利用することもあります。

　相談窓口は、「聞きたいこと＋税理士」で検索しましょう。
　相談窓口がない場合は、適任な税理士に時間単価による値付けをお願いし、窓口を用意していただく方法もあります。
　価格を設定していただいたほうが、尋ねる側としても聞きやすいものです。
　私も相談窓口を特別につくっていただいたことがあります。
　一方で、無料で聞き合える仲を築くことを目指してもよいでしょう。

　いずれにせよ、目前の疑問を解決することが第一義であることは変わりません。
　無料であれ、有料であれ、同業者の相談窓口を探してみましょう。

他の税理士と自分を比べた
ときに生じるギモン

86 自分に実績がないのですごい人を見るとあせりますが、何かアドバイスをいただけないでしょうか?

私は、すごい人に1つでも勝てるものをひねり出すようにしています。

「すごい人」は、税理士にもいますし、税理士以外にもいらっしゃいます。

「すごい人」を意識しすぎると、焦りを覚え、自信も失われがちです。

気にせず、焦らないようにしましょうといっても、実際のところ、気にしないようにすればするほど気になってしまいます。

私も、同じように焦りを覚えることがありました。

そんなときは、なんでもよいので、そのすごい人に1つでも勝れるものをつくることをおすすめします。

「そんなことは到底無理だ」と思われるかもしれませんが、なんでもよいのです。

たとえば、

・すごい人に比べれば自分は経験が乏しいが、だからこそ、わからない人の気持ちがわかる

・法人向けのサービスを提供しているすごい人と異なり、自分は個人向けのサービスを提供している

・すごい人が苦手にしていることを、自分は得意としている
といった具合に、何かしらすごい人に勝れるものを見出すようにし
ます。

　実績に乏しくても勝負のしようはありますし、このように観点を
変えることで、すごい人が気にならなくなるのです。
　私はもう、気にせずにすむようになりました。

　別の言い方をすると、「勝る」というよりも、何か違いが出せれ
ばよいのです。
　私たちは、それぞれ顔も違えば住む場所も違いますし、経験して
きたことも他人とまったく同じであることはありません。
　何かしら違うものがあるはずです。
　まず、そのことをよく理解し、他人と自分との違いを見つけ出し
ましょう。
　こじつけであってもかまいません。

　違いを見つける１つの鍵はモチベーションです。
　業歴が長く「すごい人」でもモチベーションが下がることは多い
ものです。

　そこに勝機があります。
　今、モチベーションにあふれ、日々鍛錬できてさえいれば、実績
がなくても独立したばかりであっても、ひるむことなどありません。

「実績がないので」「独立したばかりなので」とか、「独立して日が浅いので」などという台詞は甘えから出るものです。
　そのような甘えは捨て去りましょう。

87 確定申告で「あと30件！」などと他の税理士が言っているのを聞くと、自分は件数が少ないのではないかとあせります。

　他の税理士の状況を気にしても仕方ありません。自分のペースで取り組むべきです。

　確定申告時期になると、税理士の仕事の繁忙ぶりをネット上で垣間見ることができます。

・あと残り30件で終わる！　　→　私は全部でもそんなにありません。
・あともうひと踏ん張り（深夜）→　私は踏ん張りたくありません。
・期限ギリギリまで資料作りだ　→　私はやりたくありません。

　自分の受け持つ確定申告の件数が少ないと、この喧噪ぶりを別世界の出来事のように眺めつつ、「はたして自分はこれでよいのだろうか？」と不安を覚えるかもしれません。

　しかしながら、別に少なくてもよいのではないでしょうか？

　確定申告件数が、税理士の成功の証、ないしは価値を表すわけではありません。
　申告件数が多くても、売上、利益ともに、さほどでない場合もあります。

売上が多く、実入りが増えたとしても、申告件数が多くて多忙を極めるといった場合、そのような生き方を自分が選ぶかどうかという問題です。

　「成功の証」は他人が評価するための指標にすぎず、私はそんな成功は欲しくありません。

　自分や家族、お客様が楽しめていれば、他人からどう思われようと気にしないようにしましょう。

　皆さんも税理士として、より多くの方のお役に立ちたいと考えるかもしれません。

　だからといって、それを背負いすぎて、確定申告を増やしすぎないようにしましょう。

　繁忙期を生むことにつながります。

　大手の税理士法人や税理士事務所は多くの人を雇え、確定申告を大量に引き受けることも可能です。

　ひとり税理士はそういうわけにはいきません。

　税理士として、確定申告を引き受けることだけが、多くの方のお役に立つ方法であるわけではないはずです。

　税理士として身に付けた知識や磨いたスキルについて、多くの方に向け、記事を書いたり、話したりする方法もあります。

　本を出版する、セミナーを主催する、つまり発信することで、多くの方のお役に立てるのです。

　ひとり税理士が確定申告を 1 万件こなすのは物理的に不可能ですが、発信によることで、 1 万人に向けて有用な情報をお届けすることは可能です。

　私自身、確定申告を請け負う件数自体は少ないものの、それなりの方のお役に立つことができていると自負しています。
　ひとり税理士ならではの戦略を立てましょう。

88 他の税理士に比べて、自分の強みが見つかりません。

強みはそう簡単に見つかるものではありません。時間をかけてよく自分を見つめ直しましょう。

　強みがすぐに見つからなくて当然です。

　他の方にはない自分の強みがなんであるか、かんたんに見つかるものであれば、多くの税理士が自分の強みを見出していることでしょう。

　そうではないからこそ、強みを見出すことに意味があります。

　ひとり税理士として立つならば、自分の強みは必ず見出したいものです。

　他の税理士と比べてここは強い、と自信を持っていえる部分がないと、結局のところ値段で勝負せざるを得なくなってしまいます。

　自分の強みを見つけるには、次のようなことをやってみましょう。
・他の税理士を研究する

　ひとり税理士としての自身の強みとは、他の税理士にない面や異なる部分に潜んでいます。

　「他の税理士」を研究することで基準も持てますし、徹底して研究すべきです。

・自分のこれまでを振り返ってみる

　過去にした経験、自身の経歴、好きなものや嫌いなものを振り返ってみましょう。

　生まれた時から現在までを年表で振り返る「自分史」を作ってみることもおすすめです。

・自分に対する他人の反応を見逃さない

　他人から、「すごいですね！」とほめられたり、「ありがとうございます！」と感謝されたり、「それってなんですか？」と突っ込んで尋ねられたりした出来事を見逃してはいけません。

　謙遜しているだけでは自身の強みは見つからないものです。

　自分に対する第三者の客観的な評価をいったん受け止め、冷静に分析してみると、強みになるものが見出せるかもしれません。

　そのような他人から受けた評価について、メモしておくことをおすすめします。

　こうして自身の強みを見出す一方で、自ら強みをつくることも大切です。

　他の税理士を研究する過程で、

・こういう領域や形であれば、まだ誰も手がけていない

・こんなふうにしている税理士は意外といない

・他者のやり方に何か別の要素を少し加えたり、変えてみたら、強みになるかもしれないものを磨いてみる

といったことを考えながら、自身の強みとなるものを新たにつくっ

ていきます。

　たとえば、手本となるようなすごい税理士がいたとして、その税理士と自分とは、
・世代や性別が異なる
・身に付けてきた知識領域が異なる
・その方が手がけていないことで、自分ができそうなことがある
といったことをきっかけとして、その方とは何か別の強みを生み出せるかもしれません。

　強みを見つけることも、つくることも、「スキル」です。
　時間をかけて技術を磨き、鍛錬することで、自身の強みを見つける、あるいは、強みをつくりあげていきましょう。

89 他の税理士からおすすめされ、断りにくいことがあります。

誰かが続けていること、おすすめしていることがあったとしても、それが成果を出せるものなのか、自分に合ったものであるかはわかりません。

誰かが何かをおすすめしている場合には、紹介手数料目当てであったり、知人の依頼を断り切れず紹介しているものなど、背景に何か別の意図が隠れていることもあります。

他人からすすめられるものの良し悪しや、セールストークの真偽は、実際にそれを試してみないとわからないものです。

使いもせずに紹介したり、きちんとした評価を下さずに漫然と紹介している場合もあり、他人がすすめるものには注意が必要です。

本当に信じられるのは、自分の感覚だけです。

詐欺まがいのものもありますし、紹介者がいい人だから、自分のために一生懸命考えてくれているから、お世話になっているから、といったことで鵜呑みにしてはいけません。

おすすめされたものは、お付き合いは別にして、フラットに考えるようにしましょう。

それでもし、縁がきれたらそれまでです。

他方、誰からもおすすめされず、他人からはやめたほうがよいといわれることであっても、自分がそれをしたいのであれば、自分の信じた道を進みましょう。

　私自身、ひとり税理士という生き方（＝道）がそういうものでした。

　ひとり税理士のあり方を標榜した当初は、周囲から、
・人を雇って大きくしなきゃ
・事務所くらい借りなきゃ
・お客さんを増やさないとダメだよ
といった否定的な意見をさんざん聞かされました。

　これまでの人生で、たくさんの批判的な助言や指摘、アドバイスをいただきましたが、自分の選んだ道について、後悔はありません。

　自分の進む道は自分で考え、判断し、選ぶ習慣を身に付けましょう。

90 他の稼いでいる税理士の売上を聞くとあせってしまいます。考え過ぎでしょうか？

税理士は売上がすべてでないことは、あなた自身、よくご存知かと思います。あせる必要はありません。

❧•❧

「私（税理士）は売上○円です！」などという話を聞かされると、「そんなに稼いでいるのか、自分は稼げていないなぁ」などと考えてしまう方もいるかもしれません。

しかし、売上という指標はある一面しか示さぬものですし、真偽のほども定かではありません。

経費（宣伝費や外注費、紹介手数料など）が過大にかかって利益が出ていないかもしれませんし、時間を犠牲にしているのかもしれません。

他人の売上など、気にするだけ無駄なことです。

税理士業を通じて、私が大切だと感じているものは、「バランス」です。

お金がいくらあっても時間がなくなるのは、バランスが良いとはいえません。

売上をもう少し増やせそうでも、そうしないことも大事です。

仕事とプライベートにおけるバランスも同様で、仕事に偏ればプライベートが犠牲になってしまいます。

　私はちょっとしたお金に加え、たっぷり時間がある状態のバランスを目指しています。

　また、売上を公開している方はごく少数で、私自身は公開することに意味を感じないため、売上を明かすことはありません。

　売上は必要ではあるものの、食べていくために本当に必要なのはお金と時間です。

　ひとり税理士であれば、売上を増やすことを第一目標としないようにしましょう。

　とはいえ、売上を増やしてはいけないわけではなく、お金と時間のバランスをとりながら売上を増やす分には問題ありません。

　ひとり税理士だからこの程度の売上でよいと、小さくまとまることがないようにしましょう。

誰かを真似るとき、誰かに真似られたときに生じるギモン

91 自分がオリジナルでしていることを発信した結果、誰かに真似られることになるのは嬉しくないのですが、いかがでしょうか？

私は真似されたら嬉しく感じます。

　自分が身に付けた知識やスキルを発信すると、誰かにそれを真似られて嫌だと考える方も中にはいらっしゃるかもしれません。

　長い期間積み上げ、築き上げてきたものを、誰かに短時間で真似られるのは、自分にとって損失でしかないと考える方もいらっしゃるでしょう。

　それゆえ、自身の知識やスキルを発信しない、ブラックボックスのままにしておきたいと考える気持ちもわからなくはありません。

　しかし自分が隠していたあることを、いつか他の誰かが白日の下にさらす可能性もあり、「自分が先にやっていたのに」と地団駄踏んでも手遅れです。

　いずれ誰かが同様・類似のことをする可能性がある以上、自分の手の内を先に明かしましょう。

　自分の知識やスキルは、積極的に発信することで、さらに磨かれます。

　何かを身に付けるとき、誰かを「真似る」ことはとても効率的です。

　ある人が長年試行錯誤して培ってきた成果を、短時間、ときには一瞬で得ることができます。

　今日では、さまざまな媒体（書籍やセミナー、コンサルティング、無料のブログ、メルマガ、YouTube、SNS）による発信を通じ、多くのことを真似しやすくなっています。

　しかしそのことを「申し訳ない」と感じる必要はありません。

　あることを発信している人間は、それを広く世に知らしめることで、真似ていただくことを目的としています。

　「発信するけど真似ないで」という考えは、そもそも矛盾していることです。

　「真似られる」ということは、「いいな」と思っていただけた証拠でもあります。

　「真似られる」ことは、本来、喜ぶべきことなのです。

　仮に真似られたとしても、より鍛錬していれば気になりません。

　真似られたときに自分はもっと高いステージにいるのですから。

　税理士という仕事は、国内シェアを争うような業ではありませんので、真似されてもよいわけです。

　真似していただけると考えると、発信がはかどるうえに、工夫する気持ちも生まれます。

　わかりにくかったり、たいした内容でなければ、そもそも真似していただけないでしょう。

　真似られたら、素直に喜びましょう。

92 井ノ上さんを真似るなら、トライアスロンも真似るべきでしょうか?

はい、トライアスロンも真似てください。さもなくば、同等レベルの心身の鍛錬を行うべきでしょう。

「トライアスロン以外は真似たいです」と言われることがありますが、仮に、私を真似るのであれば、トライアスロンを外すことはできません。

トライアスロンは、一見、仕事とは無関係な要素に思えます。

しかしながら、トライアスロンには体を鍛えること以外にも、

・心＝メンタルを鍛える、整える（緊張感や恐怖心との戦い、とっさの判断力を磨く）

・時間管理スキルを磨く（練習や実際のレースで膨大な時間を必要とする）

・お金管理スキルを磨く（多大な経費を要する）

といった効用があります。

これらはすべて、税理士業にも役立つことです。

2019年6月に交通事故にあい、一時期トライアスロンができませんでしたが、約3年後には復帰できました。

2023年には4つのレース（通算66回）に参加し、今後も続ける予定です。

　事故でトライアスロンを一時期できなくなっても、それまでの9年間で培ったものがあったからこそ復帰できたと考えています。

　もしトライアスロンができなくなっていたら、何か別のものを見つけていたことでしょう。

　トライアスロンであれ何であれ、メンタルや時間、お金を管理するスキルを何かで鍛えるべきです。

　身体を使うスポーツが好ましいでしょう。

　税理士業には定年がありません。

　頭の働きも大事ですが、心や身体の働きも大切にすべきです。

　とりわけ身体は、年々衰えていきます。

　基礎体力を鍛えることで、衰えを補いましょう。

　マラソンなど耐久力を要するスポーツは、身体だけでなく、心も鍛えることができるため、おすすめです。

　ひとり税理士を標榜する私という存在は、このトライアスロンがあればこそ、続けられているのです。

　トライアスロンに比べれば、その他のあらゆる習慣が負荷も軽く、なんでもないことに感じられます。

　身体は動かすだけでなく、鍛えていくべきものです。

　仕事の質を上げるには、資本となる身体が欠かせないと私は考えています。

　身体には、時間とお金を投資する価値があるのです。

93 他の税理士がしていることでいいなと思うことやその人自体を紹介する発信をしたいと思いますが、どのように考えるべきでしょうか？

自分自身が主人公であることは忘れないようにしましょう。

　いいなと思うものを紹介するという仕事もあります。

　しかし、税理士として、他の税理士を紹介したり、他の税理士がしていることを紹介することはよいことなのでしょうか。

　税理士業は自分が主人公です。

　主人公は、他の税理士でもありませんし、会計ソフトでもありませんし、代理店でもありませんし、紹介業でもありません。

　自分が主人公であるならば、人を紹介したり、本を紹介したり、ホームページやブログを紹介したりすることがどれだけ必要でしょうか。

　まったく必要ないとはいいませんが、必要度は低いでしょうし、そんなことよりご自身について、より広く深く発信すべきです。

　紹介してくれたお礼に仕事をお願いします、ということも期待できないでしょう。

　また、他者の言葉を引用して発信することも、必要ありません。

　自分自身の言葉による発信が必要なのです。

　私はそもそも「情報発信」という言葉を使いません。

　「情報」を発信しても、代替できるコモディティであり、必需品にはなり得ないからです。

　「情報」ではなく、「自分」を発信することを心がけましょう。

　本書でも、他者の文章の引用は、一切していません。

　読者も望まないでしょうし、私自身が自分の言葉で語りたいと考えているからです。

　本や商品の紹介（書評やレビュー）は気楽に書ける分、競合も多く、仕事の依頼につなげることを目的として発信するならば、優先順位は低いでしょう。

　ただし、対象の取り上げ方により、自分を発信することにつながる場合があります。

　たとえば、本や商品などを紹介する中で、なぜそれを選んだか、どう使っているか、結果として何を生み出しているか、といったことを語ることで、自分を発信できるのです。

　対象にアプローチする自分の考え方や姿勢を発信していきましょう。

どのように学び、自己研鑽するか悩んだときに生じるギモン

94 税理士として毎年の税制改正にどうやってついていけば よいでしょうか?

まず、税制改正大綱が出たタイミングで勉強しましょう。

毎年行われる税制改正。

実務に大きな影響を与える改正もあれば、そうでないものもありますが、改正の全体像は把握しておく必要があります。

毎年の税制改正への対応として私がおすすめする勉強方法は、「税制改正大綱」が出されたタイミングで、自分なりの仮説を立てて大綱を読み解くことです。

私は税制改正大綱が出た日にPDFデータを読み、それを最速で自分なりにまとめて所感を持つようにしています。

後で税制改正に関する本を買って読んだり、セミナーに参加することも効果的ですが、そうする前に自分なりに読み解くことがよい鍛錬にもなるのです。

さらには、私のブログの読者層であるフリーランスやひとり税理士、ひとり社長に影響する改正内容であれば、ブログに記事を書いています。

こうして事前段階で勉強し、アウトプットしておけば、いざお客様へお伝えするときに役立つのです。

　税制改正について勉強するタイミングは３回あると考えています。

　１回目は税制改正大綱公表時に自分で大綱を読み、発信しつつ、勉強する

　２回目はお客様へ伝える際に勉強する

　３回目は実際の実務で対応する際に勉強する

と、３度繰り返し勉強できるのです。

　税制改正大綱が出される日とその翌日は、１回目の勉強のためだけに時間を空けておきましょう。

　のんびり読むというのでは遅すぎますし、時間をかける必要はありません。

　誰かの解説を読む前に、まず自分の頭で考える、仮説を立てる、という勉強方法をおすすめします。

95 効率よく勉強したいと思うのですが、どうしたら効率化できるでしょうか？

私は勉強することに関しては、効率を求めていません。

　勉強は効率化できるか否か。

　効率化できる部分とそうではない部分があります。

　独学で、自力で模索しながら勉強するのは時間がかかるため、その分野に詳しい人や道に明るい人から教えてもらうと効率的です。

　人から教えてもらうことの範疇には、直接教えを請うほかに、
・本を読む
・セミナーに参加する
ことなども含まれます。

　人から教わるだけでは勉強したとはいえず、教えてもらいつつ、独学することが欠かせません。

　本を読むことが独学ではないかと思われるかもしれませんが、私の考える独学とは、
・自分で試みる
・自分の言葉にしてみる

・自分の頭で考える
ということを指しています。

　独学は、効率化できるものでなく、時間をかけて積み上げていくものです。
　本書を読んでいただくことも１つの効率的な勉強方法ですが、後段に示した独学の部分、すなわち読み終えた後に自分で試みて、自分の言葉に置き換え、自分の頭で考えてみることが必要だということを忘れないようにしましょう。

　本書から何かを得られたなら、それをまた別の形で別の方へ、後世の税理士に伝えていっていただきたいと思います。
　そうすることで後進に効率的な勉強方法を提供できると同時に、他者に何かを伝え、教えようと努めることが、自分にとっても真の意味で効率的な勉強となるのです。

96 ひとり税理士として、何を勉強すればよいでしょうか？

> 私はお客様と自分がともに必要とするものを勉強する
> ようにしています。

　税理士に限らず、人は勉強し続ける必要があります。

　「資格を取れば勉強はおしまい」というわけにはいかないことは、
皆さんご存知の通りです。

　では、何を勉強するか。

　勉強の対象を選ぶことも勉強のうちです。

　私は、お客様と自分が必要とするものを勉強するようにしていま
す。

　お客様が必要でも、自分が必要としなければ身が入りませんし、
勉強しません。

　逆に自分が必要でも、お客様が必要としないものは勉強しないよ
うにしています。

　学問として究めることに、意義を感じないからです。

　自分が必要とし、かつ興味があることを勉強し、それを仕事に活
かすようにしています。

　税理士業も然り、経理効率化も然り、ITやブログの勉強も然りで

す。

　自分が勉強したいと思うことを勉強してインプットし、アウトプットしながらサービスのメニューとすることで、それが自然と仕事になっていくのです。

　税法でも好きでたまらない領域があれば、それを勉強してメニュー化します。

　メニュー化すれば、おのずと勉強する理由ができてきます。

　他人と同じことを、足並みをそろえて勉強するのは税理士試験だけで十分です。

　自由に勉強できることも、独立後のメリットだと考えましょう。

97 税理士資格以外の資格も取る必要があるでしょうか？

私は税理士資格以外の資格を取るつもりはありません。

　私は税理士の資格だけで十分だと考えています。

　仕事上必要であるなら話は別ですが、所有する資格が増えたからといって、同じように売上が増えるわけではないからです。

　主たる仕事が顧問契約なら、資格を得て提供した仕事が顧問料に含まれてしまう場合もあるでしょう。

　他資格を必要とする仕事については他のプロに仕事をお願いしたほうが、時間もお金も有効に使えます。

　税理士資格の取得過程で経験されているとおり、資格は投資効率がよいとはいえません。

　税理士資格取得に要した投資コストは、取得に要した倍の期間で回収するといったイメージがあります。

　他の主要国家資格も同様のイメージがあり、社労士や司法書士、中小企業診断士などを取る必要は感じません。

　かといって、かんたんにとれる資格を持つことにも意味を感じません。

　一方で、できることを増やすのは大事です。

　試験に合格し、資格を得なければ何もできない、ということではありません。

　現実世界では試験で出題されない事態に遭遇することは日常茶飯事ですし、試験のために勉強しても現実ではまったく使わない知識も山ほどあります。

　資格取得までいかずとも、知識やスキルを学び、身に付けましょう。

　さまざまな知識やスキルと税理士資格とのかけ合わせは、自分の強みになり得ます。

　習得した知識の確認のため、検定試験を受けるのはおすすめです。

　私はブログネタになることもあり、さまざまな検定試験を受けています。

　今まで合格したのはこういったものです。

・Python 3エンジニア認定基礎試験

・アドビ公認アソシエイト　Photoshop

・BATIC（国際会計検定）Subject 1

・MOS（Microsoft Office Specialist）365＆2019

・VBAエキスパートBasic

・ドローン検定1級

・世界遺産検定2級

・パンシェルジュ検定3級

・ITパスポート

検定ぐらいであればよいのですが、資格勉強にのめりこみすぎないようにすべきです。

CHAPTER23

スキルを身に付けるときに
生じるギモン

98 速読は必要でしょうか、どんな意味があるのでしょうか？

速読は欠かせないスキルです。

「速読は、わりきり」です。

スピードを上げて読もうと思えば読めるものですし、そう努めなければそのようには読めません。

速読はスキルであり、スキルは磨けるものです。

自分は「本を速く読めないタイプ」とあきらめるべきではありません。

速読スキルを身に付ける際に意識すべきなのは、

・なによりまず、本を多く読まなければ身に付かない

・緩急をつけて本を読んでもよく、ゆっくり読む本、箇所があってもよい

・本を速く読むことよりも、本から得たこと、本を読みながらひらめいたことを実行することに注力する

ということです。

日々速読を実践し、今でも１日１冊以上のペースで読んでいます（2020年443冊、2021年408冊、2022年372冊）。

　よい本に出会えるかどうかは確率の問題です。

　その確率を上げるためにも、読書量を増やすこととその精度を上げることが欠かせません。

　読書の精度や選書眼も、一定の量をこなしてこそ養われるものです。

　つまるところ、多読が欠かせません。

　速読にはさらなる効果があります。

　本を速く読む鍛錬を続けることで、おのずと情報収集スキルも高まります。

　税務に係る雑誌やネット上の情報、分厚い税務の解説書や税法条文・通達などの文字情報から、必要な情報だけを素早く読み取れるようになりました。

　速読により、本を読む楽しみに加え、本から知識を得られ、情報収集スキルまで身につくのです。

　速読しない手はありません。

　2000円の本を月に50冊買っても、10万円。

　自身を売り物とするひとり税理士であれば、自分に対してそのくらいの投資はしたいものです。

　速読スキルは、本を多く読むことで磨かれます。

　1日1冊のペースで読んでいきましょう。

99 どうしたらブログや本がうまく書けるようになるでしょうか?

私は文章の巧拙ではなく、ネタで勝負しています。

私は、文章を書くのが上手だとは思っていません。

本当に文章がうまい人にはかなわないと感じています。

だからこそ、書く内容のネタや視点で勝負するようにしています。

「文章がうまいから」という理由だけで出版・執筆の依頼があるわけではありません。

それだけが依頼基準であったなら、私も今ほど本を出せていないでしょう。

自分が書いた文章については編集者からアドバイスをいただけますし、校正作業などにより、出版するまでにある程度整えられるものです。

しかしながら、「ネタ（何を書くか）」だけは、著者が自分自身で考える必要があります。

日々のブログやメルマガでも同様に、「うまく書くこと」より、「何を書くか」ということに考えを集中しています。

ネタは何もないところからは生まれません。

　自身の日々の思考や行動を素材とし、ネタとして具体化するスキルが必要となります。

　私にとって書く行為や話す行為、つまり発信するということは、自身の日々の体験を具体化する行為なのです。

　文章が上手であれば、表現による工夫で読ませる文章を書くことが可能かもしれませんが、私にはうまくできません。

　だからこそ、私にとっては日々のネタづくりが命綱となるのです。

　とはいえ、文章の書き方についても徹底的に勉強しているつもりです。

　「文章術」というスキルは、徹底して磨いてきました。

　税理士として習得すべき基礎知識と同様、書くという行為にかかる基礎知識を身に付けましょう。

　今日、文章をまったく書かないという人は少ないでしょうし、仕事上の文書を作成する機会も多いことでしょう。

　誰もが書くことを勉強する必要があり、日々書くこと自体が勉強となるのです。

100 セミナーや個別コンサルティングで質問を受けたときに、サッと回答できるようにしたいのですが、どうしたらよいでしょうか?

日々、常に考え、動き続けましょう。

　税理士業では質問を受ける機会は日常的にあるでしょう。

　私は各種セミナーを開催し、個別コンサルティングも提供しており、そういった場でも、参加者から質問をいただくことは多いものです。

　私の場合、何も答えられないということはなく、何かしらお答えできます。

　そのようなシーンで「なぜすぐに回答できるのか」と聞かれたこともありました。

　私自身、日々書いて話すことが血肉になっているからです。

　ブログ、メルマガを毎日書く、本を書く、セミナーを開く、YouTubeの動画を撮るといったことをしてきた結果、その知識・スキルが身に付きました。

　それは、大量のインプットというより、大量のアウトプットによるものです。

　もとより、私は日々書く、話す行為を通じ、その知識・スキルが
自分の血肉となるように、次のような工夫もしています。
　その工夫とは、
・自分が本心から思うことだけを発信する
・ある事柄について、考えるだけでなく行動に移す
・自分で決めた原理原則を徹底して守る
といったことです。

　情報を横流しせず、自分で考え、リスクを負って書くということ
です。

　なんとなく書いたり話したりしていたのでは、その対象となる知
識・スキルが自分の血肉になることはありません。
　書く、話すという発信行為のみならず、他の仕事でも同じことが
いえ、ITに係る知識の習得や業務の効率化、税務・経理業務など、
どんな仕事でも、「深く考え」て「速やかに動い」てこそ、真の鍛
錬になると考えています。

　ただ漫然と仕事をこなすだけで身に付くものはありません。

　ですから、私は「深く」考えるため、常に時間に余力を持つよう
にしています。
　私にとって「深み」とは、「原理原則」であり、「判断基準」と呼
ぶべきものです。

本書では、自分の中にあるこの「深み」の部分を表現してきたつもりです。

　「判断基準」という軸があれば、どんなことにも答えられるようになります。

　自身の判断基準を磨くことで、コンマ１秒で答えるスキルを磨きましょう。

101 習慣を続けるにはどうすればよいでしょうか。

私自身は、「続く習慣を続けている」だけです。

「習慣＝続けること」は、自分にとって大きな武器となるものです。

私自身、何かなし得ているものがあるならば、それは習慣の賜物であると考えています。

何かをなしとげたければ、習慣とすることをおすすめします。

スキルとは、後天的に鍛錬することで身につくものと私は定義しています。

ですから、私にとって、習慣はスキルです。

私が習慣としていることも、独立後に身に付けてきたものです。

続けることが得意か否かは、生まれつき、定められたものではありません。

私が習慣化している事柄は、箇条列挙すると次のようなものです。
・経理
・データの整理

・メモの整理
・タスクの管理
・メルマガ「税理士進化論」の発行
・ラジオ「ひとりしごとの営業術」
・ブログの執筆
・Twitterでの発信
・オンラインサロンでの発信
・YouTubeでの動画配信
・身辺の掃除

　これらの習慣が、ひとり税理士としての私を構成しています。

　仕事に鍛錬はつきものであり、その鍛錬こそ、習慣としましょう。
　その中で、私は続いたものだけを習慣として残しています。
　皆さんも、ぜひ、続くものを探してみてください。
　習慣として続くものがないときは、探し方が足りないということ
です。

　続く習慣が1つ見つかれば、他に習慣化できるものが見つかりや
すくなります。
　習慣を1つ続けられるということは、続けられる習慣が他にもあ
るはずだからです。
　最初の続く習慣を見つけられるかが大事なので、全力を注いで見
つけましょう。

　習慣を続けているということは、周囲からの信頼感・安心感という評価にもつながり、税理士としてのイメージ向上にもつながります。

　習慣化するだけで信頼度が上がるなら、多少の苦労は安いものです。

102 どうしても早起きできません。早起きは必要なのでしょうか?

私は、自分の仕事のスタイルには早起きが必須だと確信しているからこそ、早起きできています。

早起きに挑戦しているがなかなかできない、という声を耳にします。

はたしてすべての方に早起きは必要といえるでしょうか。

独立した後は、いつ仕事を始めて、いつ仕事を終えてもかまいません。

始業、終業の時刻は自分で決めることができます。

仮に1日8時間仕事をするとして、9時から17時、4時から12時、10時から18時と、どう設定しようが自由です。

早起きでなく、夜中に働いてもかまいません。

私の場合、基本的に4時から5時頃には起きて17時くらいまで仕事をしていますが、日中にプライベートの予定を入れることが多く、10数時間、仕事をしているわけではありません。

早起きはスキルです。

スキルと捉えて、毎日、繰り返し挑戦しましょう。

　そうしているうちに、早起きのメリットを感じる可能性がありま
す。

　もしメリットを感じないなら、やめればよいだけの話です。

　私は早起きに次のようなメリットを感じています。
・日々の習慣（整理整頓、メルマガ、ブログ、Voicy等）を早起きし
た時間を使って確実にこなせる
・家族が起きていないうちに集中して仕事ができる（家族旅行のと
きにも役立つスキルです）
・毎朝早起きをしているということが自信になる

　一般的に、早起きは世間のイメージがよいものです。

　健康的なイメージに加え、意志の強さが評価されるといったこと
もあります。

　早起きが必要か否かは人によって異なりますが、早起きに挑戦し、
ある程度継続してみなければ、その必要性がわからないというのも
事実です。

IT に強くなりたいと感じた ときに生じるギモン

103 パソコンを買い替えたいのですが、初期設定に手間がかかるので躊躇しています。

パソコン買い替え後の設定に手間がかかるのが間違いです。

　私は、少なくとも毎年１台はパソコンを買っており、2023年は、３台購入しました。

　購入後の初期設定に手間取るようであれば、これほど頻繁に買い替えることは難しかったでしょう。

　ちなみに、購入後の設定にかかる時間を計測したところ、44分ですみました。

　多少の慣れがあるとはいえ、その程度の時間で初期設定は終わるのです。

　とはいえ、買い替え後の初期設定を早くすませられるのは、
・パソコンにデータを保存していない
・メールをパソコンに保存していない
・元のパソコンにどのようなソフトウェア、アプリケーションを入れていたかしっかり把握しているからです。

　データは、クラウドで保存しています。
　クラウドに保存したデータはパソコン本体を入れ替えても失われ

ず、ネットにつなげば、ほどなくして、データを反映することができるのです。

　私はDropboxというクラウド保存サービスを使っています。
　メールもクラウドサービスであるGmailを利用しており、ブラウザからログインすれば、旧環境と同じ状態でメールを使用できます。
　メールの送受信データをインポートしたりエクスポートする必要はもうありません。

　また、先述のとおり、私は旧環境のパソコンにどのようなソフトウェア、アプリケーションが入っていたかをしっかり把握しています。
　だからこそ、買い替え後の初期設定を素早く終えられるのです。
　最低限、今現在使用しているソフトやアプリを一覧にしておきましょう。
　昨今はCD等のメディアを要せず、インターネットからソフトやアプリをダウンロードしてインストールすることができ、かつてほど初期設定の手間を要しません。

　パソコン買い替え後の初期設定の手間を見直しましょう。

104 パソコンを買いたいのですが、何を買えばよいかわかりません。アドバイスをいただけないでしょうか。

買わないからわからないのです。自分なりに調べて買うことで勉強しましょう。

何を買えばよいのか。

それがわかるようになるには、お金を使ってみるしかありません。

パソコンは、毎年買うことをおすすめします。

１年に１段階、購入の腕前が上がるからです。

購入前にショップの店頭で展示品をいくら操作しても、触りの部分くらいしか理解したことにはなりません。

ご自身が何を買えばよいかわからないのに、他人に「ご自身が何を買うべきか」がわかるわけがありません。

ある程度調べて、これなら自分に合うだろうと思うなら、迷わず買いましょう。

最初のうちは、「合うかもしれない」くらいの感覚で十分で、買ったあとに失敗したと感じることはあるでしょうが、その失敗はあとに活かせるものです。

現に、私もいろいろな失敗をしてきました。

・標準色の黒いパソコンを買ったがテンションが上がらなかった
・想定したより充電が持たなかった
・パソコンは軽いがアダプタが重かった
・ディスプレイが小さすぎた
・キーボードの位置が使いにくかった
・膝の上で使いにくかった
・性能が低すぎて使い物にならなかった
・Windows OSのバージョンが使いにくく感じた（Windows10 S）
・パッドが使いにくかった

　こうした失敗を糧に、自分なりの「パソコンの選び方」というデータベースをつくってきたのです。
　結果的に今日、自分なりに誇れるパソコンの選択眼が身に付きました。

　パソコンの購入を検討する際は、パソコンの性能を数値により確認できるようにしておくと、鍛えることができます。
　買ったパソコンが使いにくいと感じたときは、どんな性能だったのか。
　使いやすいと感じたときは、どんな性能だったのか。
　その時々のパソコンの性能の数値を確認するようにしましょう。

　パソコンを選ぶ際に確認すべき性能は、
・ディスプレイの大きさ・種類・解像度

・キーボードの大きさ・種類

・CPUの世代・種類・性能

・メモリの種類・性能

・SSDの容量

などです。

　専門用語がわからなければ、ネットで検索したり、入門者向けの書籍を読むなどして勉強しましょう（私のブログやYouTube、本でも解説しています）。

　そして勉強も大事ですが、最も大事だと私が考えるのは「買うこと」です。

　買って触って勉強の成果を試すことがなければ、勉強した意味がありません。

　本を読んで簿記の勉強ばかりしていても、会計ソフトを触らぬままではいつまでたっても実務上の簿記の理解は深まらないのと同じことです。

105 パソコンが苦手で克服したいと思うものの、時間がとれず状況が変わりません。どうしたらよいでしょうか?

私は、克服したいこと、苦手なことにこそ、時間を割いています。

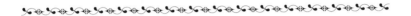

　新しいスキルを身に付けるには時間がかかるものです。

　今現在、皆さんが身に付けているスキルも、簡単に身に付いたものではないはずです。

　私自身、税理士としてのスキルやExcelなどITに係るスキルも一朝一夕で身に付いたわけではありません。

　新しいスキルを身に付けるには、どうしても「時間」が必要となります。

　お金があれば時間を短縮できる可能性はありますが、ゼロにはできません。

　時間があろうがなかろうが、時間は自分で捻出せざるを得ないのです。

　本やマニュアルを読んでわからなければ、セミナーに出たり、レッスンを受けたりしてもよいでしょう。

　私自身、苦手な分野の克服には相応の時間とお金をかけています。

たとえば、営業スキルの習得にも時間をかけました。

　独力で1円すら稼いだことがない中での独立でしたから、最初の幸運な顧問契約を除けば、独立後の4か月間の稼ぎはゼロだったのです。

　そんな私が本書などで「営業」について語ることができるようになるには、それ相応の時間を要しています。

　営業と同様、簿記についても当初は苦手意識を持っていました。

　簿記も苦手克服までに、相当の時間がかかっています。

　人前で話すのもそうです。

　趣味であるトライアスロンでは、苦手なスイムの克服に膨大な時間とお金をかけました。

　その結果、25m泳ぐと青息吐息だった私が、3.8Kmものレースを完泳できるようになったのです（スイム3.8km・バイク180km・ラン42.195km）。

　苦手なことを克服するには時間もお金もかかります。

　手元にお金がなければ、代わりに時間を捻出することで、将来への投資が可能です。

　もちろん、苦手なことは何でも克服しなければならないわけでなく、必要ないと判断したものに、時間やお金を費やす必要はありません。

　あらゆることが得意である必要はありませんし、そうする時間も一生では足りないからです。

　私が苦手なままでよいと切り捨てたものは以下のようなものがあります。

・商談
・英語
・手書き
・電卓
・テンキー
・人に雇われること
・人を雇うこと
・社交

　ITやパソコンが苦手でも、克服せずに切り捨てると決めたなら、それはそれでかまいません。

　もし、ITに強くなりたいなら、まずは相応の時間を割きましょう。

106 プログラミングに取り組んでみようかと考えていますが、そこまでやらなくてもよいでしょうか？

プログラミングは、効率化に必須です。

　プログラミングは効率化に必要か。

　当初は私も「可能であればプログラミングを使おう」程度に考えていましたが、今では「効率化にプログラミングは必須」であると考えています。

　プログラミングは効率化が進むことに加え、ITの基本を学ぶことにもつながるからです。

　「効率化とIT」は「税理士業と簿記」のような関係であり、ITの基本を学ばずして仕事を効率化することはできません。

　また、他人がつくったITの仕組み、あるいはAIに任せっぱなしの効率化は限界があります。

　仕事の内容や自分の考え方、好みに合わせ、自在に効率化できるのがプログラミングのよいところです。

　今さらといわず、今からでもぜひプログラミングを学びましょう。

　プログラミングに必要とされるのは「理系思考」というより「論理思考」です。

　税理士にも向いています。

　現状、私が使っているプログラミングツールは、

・Excelマクロ（VBA）

・Python

・GAS（Google Apps Script）

・RPA（UiPath）

の4つです。

　Excelを効率化するならExcelマクロ、万能かつMacで使うならPython、Googleのサービス（Gmail、Googleカレンダー、Googleスプレッドシートなど）を効率化するならGAS、万能かつWindowsで使うならRPAという使い分けをしています。

　プログラミングを学ぶのは、簿記を学ぶのと同じくらい大変ですが、今やプログラミング学習に最適なツールが存在します。

　AI技術によりさまざまな問いに答えてくれるChatGPTは、プログラミング学習の助けとなります。

　基本無料で使えますし、試してみるとよいでしょう。

　たとえば、ChatGPTに、

「シートdataのA列をシートInvoiceのE10に1行ずつ転記してPDFファイルとして保存するExcelマクロ」

などと尋ねれば、ほぼ的確な答えを示してくれます。

検索エンジンで同じように検索しても、具体的なコード（プログ
ラミング言語で記述されたプログラム）が示されることはありません。

　プログラミング学習は、ChatGPTの使い道として最適といえます。

107 紙をなくしたいのですが、なかなかうまくいきません。どのように取り組むべきでしょうか？

ペーパーレスに欠かせないITスキルを磨きましょう。

　紙をなくす「ペーパーレス」はよく質問を受ける領域です。

　紙資料が多い税理士業界ではありますが、ペーパーレス化は不可能ではありません。

　実際に私はペーパーレスを実現していますし、私以外にも実践している方も多いです。

　資産税を専門領域とする方から紙資料がなくせないという話を聞きますが、資産税を専門で扱い、ペーパーレスを実現している方もいらっしゃいます。

　私も資産税に係る案件や年末調整事務で一時的に紙資料を扱うこともありますが、案件が終われば紙の取扱いはありません。

　現状、私が保管している紙資料は、

・自分の支出等に係るレシート等

・契約書等（クラウドサイン以外のもの）

のみです。

誤解もあるようなので言っておきたいのは、紙をなくすこと（ペーパーレス化）がすなわち効率化につながるわけではありません。

　ペーパーレス化の本質は、お客様に係る情報をデータで扱うことです。

　データで情報を扱うスキル、つまりITスキルを高めなければ、ペーパーレスは実現しません。

・ディスプレイ上でデータを見ることに慣れる
・ディスプレイでデータをすばやく切り替える（Windowsなら「Alt ＋Tab」、Macなら「Command+Tab」）
・ディスプレイでデータを並べる（Windowsなら「Windowsキー」 ＋「左・右」、MacならフリーソフトのSpectacle）
・データに適切な名前をつける
・データを検索して見つけ出す
・データを加工、編集する（Excel、PDF等）
・データ入力スキル（タイピング）
・データ操作スキル（ショートカットキー）
などといったことを身に付けてこそ、ペーパーレスが実現します。

　お客様から受け取るデータ、提供するデータを紙でやり取りしない、つまりプリントアウトしないということも大事です。

　プリントアウトしないために、まず、プリンターを捨てましょう。

　確認チェックもデータで行うくらいでなければ、真に効率化したとはいえません。

　たとえば、皆さんはプリントアウトした紙をどのように処分して
いますか？

　お客様の事業に係る資料を気軽に捨てるわけにはいきません。

　シュレッダーをかけるのも手間がかかりますし、文書回収システ
ム（機密資料などを安全に処分するサービス）もありますが、無駄な
費用と手間がかかります。

　加えて、プリンターのインク管理、設置場所確保なども気にかけ
なければいけません。

　プリントアウトしたほうがよいシチュエーションもありますが、
限定的です。

　ひとり税理士は、覚悟した分だけ変わることができます。

　上司や同僚、部下など、自分の決定判断に抗うものはありません。

　うまくいかないことがあるとしたら、それはすべて自分のせいで
す。

　プリンターとともに、自分の内側にある甘えも捨てましょう。

　ペーパーレス化では自分自身が紙で資料を打ち出さないことに加
え、相手から資料を紙で受け取らないことも大切です。

　紙で資料を受け取った場合にはスキャンしてデータ化する必要が
ありますが、やむを得ない場合に限りましょう。

ちなみに、スキャナーも捨ててはいかがでしょうか。

　スキャンならスマホでできますし、スマホで1枚ずつスキャンするのは手間なので、無駄なスキャンを減らせるかと思います。

　スキャンしたデータを見返すことはありますか？

　無駄にスキャンしている資料も多いはずです。

　紙で資料を受け取らない、紙資料の受け取りを強いられる仕事はしないといった覚悟がなければ、ペーパーレスというスキルは身に付かず、未来永劫、ペーパーレス化は実現しないと考えるべきです。

108 クラウド会計ソフトの導入を考えていますが、効率は上がりますか？

もしまだ導入していないなら、直ちに導入しましょう。

〜〜〜〜〜〜〜〜〜〜〜〜〜〜〜〜〜〜〜〜〜〜〜〜〜〜

　クラウド会計ソフトは間違いなく時代に変化をもたらしました。

　クラウド会計ソフトの導入により効率が上がるか否かは別として、「会計ソフト」がより普及し、一般化した事実に目を向けるべきです。

　クラウド会計ソフトが出てきたのは2013年頃であり、当時、私はいち早くクラウド会計ソフトに触れました。

　導入の是非を考えるより、まずは、直ちに使ってみることをおすすめします。

　むろん、導入に伴うデメリットもありますが、時代の流れを体感しておくべきだからです。

　お客様からクラウド会計ソフトについて、尋ねられたときに、実体験を踏まえて真摯に答えることができます。

　使わずに批判するというのは好ましいことではありませんし、それ以外のソフトをお客様に推すにしても、実際に自分で使用したか否かで説得力は変わるものです。

クラウド会計ソフトを実際に使ってみるのであれば、freeeとマネーフォワード、両方を使ってみましょう。

　クラウド会計ソフトの誕生から10年以上たちますが、未だに使用したことがないという方は、もう少し行動力が必要です。
　もちろん、クラウド会計ソフトを使わなくてもこれまで通り食べていけるかもしれませんし、別のことでも、新しいことを試さなくても食べていくことはできます。
　しかしながら、この先あと何年そういっていられるかはわかりません。
　この10年で世の中は大きく変化しましたが、さらなる変化がこの先もあり得ます。
　歳を重ねれば、行動力は次第に失われ、税理士としての思考も凝り固まっていくでしょう。
　10年といわず、将来も税理士を続けていくのであれば、新しい刺激は欠かせません。
　それが、「試す」ということの意義であり、私は日々、「１日１新（毎日新しいことをする試み）」を実践しています。

　まずは、会計ソフトという税理士と関連の深いところから試してみましょうということです。

CHAPTER25

仕事に集中できないときに生じるギモン

109 集中力が長続きしません。どうすれば集中できるでしょうか？

集中力は時間の経過に伴い、落ちていくものです。ですから私は集中力を取り戻す工夫をしています。

集中力が切れたまま仕事を続けても、非効率ですし、持てる力を発揮できません。

そのまま仕事をしても、ミスをする可能性が高まります。

そのような事態を招くことは、絶対に避けなければなりません。

集中力を切らさないことも大事ですが、切れた際のリカバリーを意識しましょう。

私は集中力が切れたと感じたときは、

・仕事をする場所を変えてみる

・取り組む仕事の内容を変えてみる

・飲食を挟んで気分転換する

といったことを、意識的にするようにしています。

集中力を保ちやすくするために、複数の仕事、複数の仕事場所を持つことも大事です。

同時に、「なぜ集中力が切れるのか」を考えましょう。

集中力が切れたときは、

・疲れていないか？
・長時間仕事をしていないか？
・この仕事になぜ集中力を保てないのか？
といったことを今一度、自分自身に問いただしてみましょう。

　とりわけ、「集中力が切れるときにしている仕事」については、要注意です。
　集中力が切れる仕事は何かしら自分が望まない、自分に合わない仕事である可能性があります。
　そのような仕事を受けずにすむよう、仕事の依頼の受け方から考え抜くべきです。
　顧問契約による仕事であれば継続するため、続けるべきか、真剣に考えましょう。
　集中力は、仕事選びのバロメーターにもなるのです。

　好きなことをしているなら、集中力はそうそう途切れません。

　どのような状況であろうが、どのような仕事へも集中できれば理想的ですが、なかなかそうはいかないものです。
　自分の集中力を過大評価せず、集中力を損なわぬ工夫をすることが欠かせません。
　私自身、自分は集中力がないため、工夫することで仕事に集中するようにしているのです。

110 仕事をしなければならないのにダラけてしまうことがあります。どうすればよいでしょうか?

ダラけることがあっても問題ないように組み立てています。

ダラけてしまうことは、誰にでもあります。

そうならないようにできればよいのですが、なかなか思うようにはいかないものです。

であれば、そのような状態を受け入れてしまえばよいのではないでしょうか。

「ダラけてもよい」程度に考えるようにしましょう。

・仕事に追われない

・予定を入れすぎない

・ダラけることを楽しむ

ということを、独立後は自分でコントロールすることができます。

とはいえ、ずっとダラけていたのでは仕事になりません。

ダラけるときとビシッとすべきとき、すなわち弛緩と緊張のバランスを取りましょう。

そもそも、ダラダラするのは悪いことなのでしょうか?

私自身、仕事をしているとき以外は、基本ダラダラ過ごしていま

す。

　そのような状態を許容できる程度の仕事量に絞っているのです。

　ただ、「仕事量を減らし、かつ食べていく」ことは楽ではありません
せんし、容易でもないという点は勘違いしてはいけません。

　少ない時間で仕事をして食べていくわけですから、営業や発信、
値付けにおけるさまざまな工夫など、すべきことは山ほどあります。

　また、仕事もなんでもお受けするわけでなく、好きな仕事を選び
たいわけですから、税理士試験に受かるより険しい道のりです。

　その険しい道のりを乗り越えた先に、ダラけることを許容できる
生き方があります。

111 将来のことが不安で気が休まらず、集中できません。どうしたらよいでしょうか？

**私自身、100％安心しきっているわけではありません。
考えてもしかたないことは考えず、集中しましょう。**

　この先食べていけるか、やっていけるかと、将来に不安を感じたら、とにかくまずは「今」を肯定することから始めましょう。

・今、自分ができていること
・今、自分が行動していること
・今の自分のお客様や友人、家族
などを肯定することで、将来に向けた不安を和らげることが可能です。

　それすらできない場合、鍛錬が足りていないということかもしれません。
　将来に確信を持つことは誰にもできませんが、「なんとかなる」という気持ちを強く持ち続けることが大事です。
　そのような強い気持ちを持てるように、鍛錬を積む習慣を増やしましょう。

　鍛錬とは、「思考（考えること）」ではなく「行動（動くこと）」

です。

「思考」にとらわれる、つまり考えているだけでは不安になります。

しかし「行動」といっても、目の前の仕事だけをただがむしゃらにするのはやめましょう。

現実逃避に過ぎないからです。

将来につながる「行動」をしましょう。

ブログやメルマガ、YouTube等の更新も将来につながる「行動」です。

為すべきことを為し、後は天命に任せるくらいの気持ちで行動しなければ、不安はなくせません。

今の売上がゼロになってもやり直せると思えるだけの余力を持てれば、不安はなくなります。

顧問料や確定申告料などで、比較的安定した稼業に見える税理士業といえども、売上が激減することはあり得ることです。

私が独立した2007年から現在までの間にも、サブプライム危機や東日本大震災、新型コロナ禍と、さまざまな事態が生じました。

個人的な環境変化でいえば、顧問先が半減したり、売上が激減したり、交通事故で3か月入院するといった困難な時期もありました。

どのような状況が生じても、その都度、私は「なんとかなる」「なんとかする」との一念で行動し続けてきました。

命ある限り、これから先もなんとかします。

覚悟を持って、日々、「行動」するだけです。

たとえば、寝ずに仕事をしたとして、不安がなくなるでしょうか。

倍の時間、仕事をすれば、十分なお金が手に入るでしょうか。

無理するだけでは、何も変わりません。

無理するくらいなら、できることに集中し、おいしいものを食べて、好きなことをして、よく眠りましょう。

自身のメンタルをコントロールできないときに生じるギモン

112 気持ちが落ち込んで仕事が手につかないのですが、そんなときはどうすればよいでしょうか?

気持ちが落ち込んだときでも、なんとか立ち直るように努めています。

독립후, 気持ちが落ち込むこともあるものです。

独立前であれば、落ち込んでいようがいまいが出勤するしかありませんから、落ち込んでいる時間さえないような面もあります。

出勤してしまえばそれなりに、背筋が伸びるものだからです。

仮に気持ちが落ち込んで仕事の質が下がったとしても、給料は変わりなく受け取れます。

独立後はそうはいきません。

気持ちが落ち込んでも、慰めてくれる同僚や部下はいませんし、仕事に向かう自分自身に対する強制力も働きません。

そうなると、本当にひとりきりで、とことん気持ちが落ち込んでしまう恐れがあります。

だからこそ、自分自身で気持ちの落ち込みをなんとかしなければなりません。

落ち込んで1日を無駄にすることを後で悔やむくらいなら、むし

ろ１日くらい無駄にしてしまいましょう。

　仕事をするのをやめて、気分転換にどこかに出かけてしまえばよいのです。

　もう１つ、私は気持ちの落ち込みを予防する意味でしていることがあります。

　ブログやメルマガといった発信です。

　発信という行為は、間接的ではありますが、外部との接触を可能とするものです。

　落ち込みを防止するには誰かと接触しましょう。

　2019年に３か月入院した際も、発信という行為が唯一の救いでした。

　気持ちは塞ぎがちでしたが外部に向けて書くことで、自分を奮い立たせていたのです。

　平時も同じようにしています。

　自分を落ち込ませない、ないしは落ち込みをギリギリでとどめてくれるのが、「発信」することの効用です。

　ある意味、毎日発信していれば、落ち込んでいる暇などありません。

　毎日の発信は強制力を持ち、自分を否応なく外部に開かざるを得なくなるからです。

　私が落ち込みを最小限におさえることができているのは、発信のおかげといえます。

落ち込んだときにどうするか、落ち込んだときにどう立ち直るか、ということでなく、落ち込みを未然に防ぐことが重要です。

　そもそも、人がメンタルを鍛えることには限界があります。
　ひとり税理士として独立する方はメンタルが強いとはいえない可能性が高いです。
　メンタルが強ければ、独立せずとも耐えられたでしょう。
　「メンタルが弱い」という前提で工夫していきましょう。

113 月曜日が憂鬱です。何か対策はありませんか？

月曜日が憂鬱なんて、ひとり税理士失格です。

ひとり税理士として独立する前は、私も月曜日が憂鬱でした。

今では月曜日でも、わくわくします。

独立後も月曜日が憂鬱に感じるのは、何かしら戦略ミスがあるのではないでしょうか。

たとえば、

・仕事をかかえすぎている

・嫌な仕事がある

・十分休めていない

といったことです。

月曜日が憂鬱に感じると、週末、気兼ねなく休むことができません。

月曜日を憂鬱に感じるなら、何かしらの対処が必要です。

まず、その根源を断つために、何が憂鬱なのかを言語化してみましょう。

毎週、月曜日にしている仕事があれば、それをなくせないか、週中に憂鬱な仕事やイベントがあるならそれをなくせないか、徹底し

て考えるべきです。

　事務所を借りて、月曜日も通勤しているなら、すぐにでもやめるべきでしょう。
　月曜日は電車や車が混むことが多く、余計に憂鬱になります。
　月曜日だけ通勤を遅らせることもできるはずです。
　通勤していなくても、月曜日の午前中のアポはやめましょう。
　電車が遅れがちだからです。

　私は、金土日祝日に税理士業をすることを禁止しています。
　そうすることで、月曜日に税理士業をしたくてたまらなくなります。
　また、他の仕事も基本的に休みにしているので、仕事への渇望が生じ、月曜日はモチベーションに満ちています。

　土日は憂鬱の種を解消し、しっかり休むようにしましょう。
　そうすることで、月曜日も楽しみになり、毎日が楽しみになります。
　人生を楽しむには、その大半の時間を占める仕事を楽しむことが欠かせません。

　仕事をするのにまず我慢、我慢料として報酬を受け取る生き方は、もうやめましょう。

114 「やらない、やりたくない」と思っていたことをやってしまって落ち込みます。どうしたらよいでしょうか？

私はそうしたことを繰り返さないように「やらないことリスト」に追加しています。

「やらない」「やりたくない」と決めていたこと、思っていたことをやってしまうと、落ち込んでしまいます。

気持ちの落ち込みは心身のコンディションを乱すのみならず、時間のロスにもつながります。

サービスを提供するプロとして、いつでもコンディションを整えておきたいものです。

私は、「やらないことリスト」をつくり、毎日見るようにしています。

失敗したら、それを繰り返してしまわないように、リストに追加しましょう。

毎日見ることで自分の意識に刷り込み、やらないと決めたことをせずにすむようにしています。

漠然と考えているだけでは、やらないと決めてもついついやってしまったりするものです。

そうならないように、リスト化していつでも見られるようにしておきましょう。

私は、Evernoteというソフトでリストをつくり、日々見直し、更新しています。

　やらないと決めたことをしないことで、自分のスタイルを確立していけるのです。

　また、新たにやらないと決めたことはすぐにメモしておいて、後でリストに追加していきましょう。

　私も毎日とはいかないまでも、月に2～3個は、リストへ新たな項目を追加しています。

「同じミスを二度繰り返さなければ合格できる」
税理士試験のときに、そのように自覚しました。

　独立後、同じように自覚しています。

「同じミスを二度繰り返さなければ成果につながる」ということです。

115 ミスをしてしまい、自信がなくなりました。どうすれば立ち直れるでしょうか?

当然、私もそういうことがありますが、自分を信じることも仕事だと考えて、立ち直るよう努めています。

「自信を失ったときどうするか」という状況は誰にでも生じ得るものです。

私は、自信を保つことも仕事だと考えています。

失われた自信は早急に回復させなければいけません。

ミスをした場合ばかりでなく、
・すごい人に出会った
・物事がうまくいかない
といったときにも自信を失うことがあります。

失った自信を回復させる手順をきちんと定め、対応できるように努めましょう。

私はそれぞれのケースについて、実際に次のように対応しています。

【ミスをしたとき】

➡ミスの内容を客観的かつ冷静に記録し、同じミスを二度と繰り返さないよう、留意点を具体的に記録する。

➡いったんミスしたことを忘れ、得意な仕事をする。

➡そもそも正確さに自信を持たないようにする。

【すごい人に出会ったとき】

➡その人に自分が勝る部分、異なる部分、違う部分を探し出す。

【物事がうまくいかないとき】

➡その物事からいったん離れてみる。

➡物事がうまくいっている状態を想起する、あるいは書き出してみる。

　さらに、お客様から回答いただいたアンケートの内容を読んだり、お客様からかけていただいたお褒めの言葉を思い返したり、メールや記録したEvernoteを読み返したりして、ポジティブな気持ちを高めるといったことをしています。

　最初に書いた通り、自信を維持することや回復することも仕事です。

　また、

・圧倒的なインプット（勉強）

・圧倒的なアウトプット

を通じて他者との圧倒的な違いを出すことで、確固たる自信をつく

ることができます。

　他者との違いをつくることは、自分に自信をつけるためでもあるのです。

　他者との圧倒的な違いをつくっておくと、失った自信の回復も早まります。

　一方で、自信過剰にならないことも大切で、「自信を減らす」ということも取り入れていきましょう。

　「自信を減らす」というのは、たとえば未知の事柄、新しい事柄、難しい事柄を常に手がけて鍛錬するということです。

　ちょうどよい自信を持つため、自分でその増減をコントロールしていきましょう。

116 ストレス解消・発散には何をしていますか？

そもそも、ストレスをためないように工夫しています。

❧❧❧❧❧❧❧❧❧❧❧❧❧❧❧❧❧❧❧❧❧❧❧❧❧❧❧❧❧❧❧❧

　人はストレスがたまると、食べる、飲む、遊ぶ、お金を使う、家族と過ごす、旅行にいくといった方法で、これを解消したいと考えるものでしょう。

　確かに目先を変えることで、気分を切り替えて仕事に取り組めることもあります。

　しかしながら、ストレスは放っておけばまたすぐにたまるものです。

　たまるたびにストレスを解消しなければならないのでは、その都度、時間とお金を使わなければなりません。

　ストレス解消で時間やお金を使いすぎて後悔することもあるでしょう。

　以前の私がそうでした。

　衝動買いをしたり、長く遊びすぎたりして、悪循環を生じていたのです。

　今はストレスを解消することよりも、そもそもストレスをためな

い工夫をしています。

　ストレスを感じたら、その根底にあるものをなくすようにしているのです。

　そうすれば、無駄なストレス解消をせずにすみます。

　「仕事でストレスがたまり、それを解消してまた同じ仕事をする」という負の連鎖を断ち切りましょう。

　ストレスのもととなるものは、

・仕事

・人

・環境

です。

　ストレスを感じた仕事は、そのような依頼が来ないようにホームページやブログを改善しています。

　また、失敗したことや後悔したことは、「やらないことリスト」に入れて毎日見ることで、過ちを繰り返さないようにしましょう。

　ストレスを生じる人間関係も、断ち切るか、遠ざけるようにしています。

　お客様に対してそのように感じるときは、仕事を断り、解約するしかありません。

　ひとり税理士は組織を持たないため、人間関係で悩むことは比較的少ないといえますが、どれだけ仲がよかろうが、方向性が異なればストレスになります。（プライベートも含めて、コミュニティにおけ

る人間関係も要注意です）

　そして、家族との関係性。
　いうまでもありませんが、家族との人間関係も大事です。
　仕事一辺倒で家族との関係性をないがしろにすると、ストレスの温床となりかねません。

　最後に、仕事をするための環境は徹底して整えるべきです。
　ストレスを感じない環境をつくりましょう。
　そのための投資を惜しんではいけません。

　ストレス解消、発散をしなくてよい生き方を目指しましょう。

税理士業の意義について悩んだときに生じるギモン

117 税理士が合わないと感じています。どうしたらよいでしょうか？

私自身、100%、税理士が合っていると感じているわけではありません。だからこそ、さまざまな工夫をしているのです。

　税理士資格を取ったから、税理士として独立したからというだけで、税理士が自分に合っていることになるわけではありません。

「あれ、こんなはずじゃなかった」
「思っていたものと違っていた」
「税理士に向いてないかな」
と感じることもあり得ます。
　かくいう私もそのように感じた一人でした。

　税理士といえば、
・レシートを預かり、記帳事務を行う
・試算表、決算書、申告書を作成する
・繁忙期はとにかく大変
・事務所を大きくして人を雇う
というイメージ（定義）があります。

　こうしたイメージがことごとく自分に合わないと感じたからこそ、

自分なりの「税理士」をつくりあげてきました。

　それが私が目指す「ひとり税理士」です。

　一般にイメージされている「税理士」に染まる必要はありません。
　私は「税理士」が好きです。
　ただし、「自分が定義した税理士」という条件がつきます。
　税理士をやめる、税理士業をやらないというのも1つの道ですが、
ご自身が「税理士」を定義することをまずはやってみましょう。
　そのためには、「税理士」の世界に留まりすぎず、視野を広げる
のがおすすめです。

・税理士以外の世界、遊びにも目を向ける
・自分が生涯を通じて何を残したいか、世の中に何を伝えたいか、
　どういうことなら楽しめるかを日々考える
・税理士、税理士業と距離を取ること
といったことで視野が広がります。

　これらは私が日々やってきたことであり、今も続けていることで
す。
　その結果、自分に合う道、軸が見つかりました。
　「税理士」だけが人生ではありません。
　視野を広げましょう。

118 税理士業に対するモチベーションが下がりました。どうすればよいでしょうか？

モチベーションの増減は誰にでも普通にあるものです。ただ、プロとして一定以下に下がることがあってはいけません。

税理士業は長期にわたり続く稼業です。

モチベーションが下がることもあるでしょう。

とりわけ、食べていけるようになるとハングリー精神も薄まり、自然とモチベーションは下がります。

モチベーションが下がっても、税理士業を続ける限り、「顧問料報酬＋確定申告代行報酬」で安定して食べていくことはできるものです。

果たしてそれでよいといえるでしょうか。

モチベーションが下がった状態で仕事をすればミスにつながる場合もあり、お客様に迷惑がかかりますし、何より自分が楽しくありません。

モチベーションを上げることは、プロとして、日々意識すべきことなのです。

「モチベーションが上がらない」などと、他人事、あるいは自然現象のように片付けてはいけません。

モチベーションは「受動的に上がるもの」ではなく、「能動的に

上げるべきもの」なのです。

　自己のモチベーションを能動的に上げる手段を、複数持っておきましょう。

　私は次のようなことをしています。

・売上を減らす

・お金を使って危機感を出す

・新しいことを始める、手がける

・場所を変える

・難易度を上げる（作業速度や成果物の質的向上）

・お客様と話す

・思いっきり遊ぶ

・おいしいものを食べる

・しばらく仕事から離れる

・一定のモチベーションが必須なことを毎日続ける

・普段からモチベーションを上げすぎない

　たとえば、売上や手元資金を減らすと危機感が生じ、モチベーションは自然と上がります。

　いっそのこと、顧問先を一部、手放してみてはいかがでしょうか。

　モチベーションの向上という観点からすると、「顧問料」はむしろ毒であり、甘えを生み、ぬるま湯に浸かるようなものです。

　だからこそ、私はあえて顧問先を手放し、今でも増やさないようにしています。

　単発の仕事がメインだと、モチベーション云々などと言っていられません。

また、新しいこと、難しいことへのチャレンジは、モチベーション抜きでは不可能です。

　モチベーションが低いまま仕事を続けるよりも、いったんその仕事から離れたほうがよい場合もあります。

　ブログやメルマガなど毎日の習慣としている仕事があれば、モチベーションが下がる暇はありません。

　さらに、モチベーションを100にしてしまうと、必ずその反動がきます。

　平時、モチベーションを平均以上の60程度に保ち、維持し続けることを目指し、そこを下回らないようにしましょう。

　60のモチベーションで十分なパフォーマンスを発揮できるよう腕を磨くことも大切です。

　プロとしてモチベーションが低すぎる状態で仕事に取り組んではいけません。

119 申告書の作成業務が好きになれません。どうしたらよいでしょうか？

私も好きではありません。だからこそ増やしません。

申告書の作成（決算書等を含む）が好きな方もいれば、そうでない方もいるでしょう。

ひとり税理士は、誰かに作業を任せることはできません。

好きでないなら、税理士を続ける以上、何らかの手を打つべきです。

私も申告書の作成が「大好き！」ということはありません。

まっとうな節税策を提供し、申告の概要、納税額などをオリジナルの資料でお客様にお伝えし、それで仕事が終わればよいのにと考えることもままあります。

しかし一般的な顧問契約は、申告書の作成が含まれるものです。

申告書の作成そのものは避け得ませんが、
・外注する
・顧問先や確定申告の代行件数を減らす
・申告書の作成を伴わない仕事を増やす
といったことで、申告書の作成業務を減らすことはできます。

私は、外注に頼る以外の方法で工夫してきました。

　外注するにせよ、作成した申告書に係る責任は自分に帰すものであり、チェックも気を遣うものです。

　そのため、私は外注は利用しないと決めています。

　申告書作成をまったくしないという選択肢もありますが、今の件数であれば対応可能ですし、大好き！とまでいかなくても好きですし、お客様のお役に立て、知識も習得できてスキルを磨けることもあり、やっておきたい仕事です。

　申告書作成とは異なる仕事（相談、話す、書く）を増やし、申告書作成の比率を下げることも意識しましょう。

　また、モチベーションの下げ過ぎはミスにつながります。

　下がり過ぎないように気を付けましょう。

　私は、

・申告書作成でどのようにITを活用するか（Excel、RPAなどを駆使して）

・いかに効率よく申告書を作成することができるか

・ミスをなくすため、チェックリストの精度をどのように上げていくか

といったことを考えながら取り組むことで、モチベーションを上げています。

　また、好きなお客様のために申告書をつくりたい、自ら積極的に担当したいと思えることもモチベーションにつながることです。

　申告書の作成は、良くも悪くも税理士業の要であり、嫌いになっては先々困ります。

　量を減らしたり、時期をずらすといったことに加え、嫌いにならないための工夫が不可欠です。

　申告書の作成はある程度効率化できるものの、限界はあります。

　Excelを利用したほうが税務ソフトより効率的に作業できますが、e-Taxでの申告には不向きです。

　現状、やむを得ず、e-Taxへの対応を優先し、税務ソフトに入力しています。

　Excelの作業データを税務ソフトに取り込めればよいのですが、対応ソフトが少ないのが現状です。

　内訳書の作成をはじめ、決算、申告は効率化に限界があるので、仕事量（顧問数）を増やしていません。

　効率化が難しい仕事であればあるほど、どのようにアプローチするかが重要になってきます。

　たとえば、本を書くことも効率化は難しいものですが、私以外に本書を書くことはできません。

　申告書は私でなくてもつくることはできますが、私の今のお客様の申告書は、私以外につくるのは難しいと思っています。（そのくらいの気概がないと顧問は務まりません）

　限られた自分のリソースをどこに割き、何に時間をかけるべきか、効率化以前によく考えてみましょう。

120 理想が実現しないとき、どのように考えればよいでしょうか？

理想というものは短時間で実現するようなものではありません。弛まぬ努力を続けましょう。

「ひとり税理士」として立った後、皆さんも自分の理想とする姿があることでしょう。

理想とまではいかなくても、こうなれたらいいな、できたらいいなと思うことがあるはずです。

そのような思いが果たせない、実現しないことに対するあせりや憤りを覚えることもあるでしょう。

しかし、すぐに実現する程度の理想であれば、それは理想と呼ぶほどのものではないかもしれません。

その実現に向け、長い年月をかけ、努力し続けた先に理想はあるものです。

理想が実現しないことを嘆くとき、多くの場合、行動が足りていません。

たとえば私と同じような理想を掲げたなら、実現にはそれなりの年月を要するでしょう。

私は、理想を模索しつつ、現在の生き方を実現するために、2007年から多くの歳月を投資しました。

　理想の糸口を掴んだのが2013年頃のことでしたから、暗中模索ではあるものの、2007年から6年は、日々、行動し続けていたわけです。

　一口に「行動」と言いましたが、当時の日々の密度は誰にも負けないくらい濃かったと自負しています。

　半年や1年程度の行動で理想が実現することは、そうそうありません。

　一方で、私のように長い年月を費やす必要もないでしょう。

　その期間をできる限り縮められるよう、本書をはじめ、発信し続けてきたつもりです。

　短縮できた期間があるならば、その分、自分なりの道を極め、後進にその姿を見せていただきたいと思います。

　私たちの後に続く方々がさらなる理想を実現していくことが、私の理想です。

121 税理士の仕事がおもしろくありません。どんなときに仕事のおもしろさや、やりがいを感じますか?

私は、おもしろさ、やりがいがある仕事しかしていないので、おもしろさ、やりがいを常に感じています。

❦❦❦❦❦❦❦❦❦❦❦❦❦❦❦❦❦❦❦❦❦❦❦❦❦

仕事がつらい、おもしろくない、やりがいがないと感じることや、仕事は食べていくためにだけするものと割り切りたくなることが、誰しもあるかもしれません。

ですが、自ら「ひとり税理士」を選んで独立したからには、そういった考えは断ち切るべきです。

断ち切ることは不可能ではありませんが、現状との調整が必要です。

すなわち、手元資金や食べていくこととのバランス調整が必要となります。

しかし、最初からあきらめてはいけません。

また、おもしろくない、やりがいがないと感じつつ、依頼された仕事を食べるためだけにすることは、お客様に対して失礼ですし、お客様のためにもならないことです。

たとえばこの本を、「おもしろくないし、やりがいはないけれど、娘もいるし、しかたない」などと考えながら私が書いていたら、み

なさんはどう感じることでしょう。

　仕事をおもしろく、やりがいがあると感じるものにしていくためには次の2つのアプローチが考えられます。
①　税理士業を含めて、仕事自体をそのように変えていく
②　税理士業に限らず、そのように感じる仕事の依頼だけを受ける

　まずは、①のアプローチをしつつ、②のアプローチを組み入れていきましょう。
　私は今、どんなに条件がよかろうが、おもしろく、やりがいがあると感じる仕事しかお受けしていません。
　あらゆる仕事をおもしろく、やりがいがあるものに変えることは不可能です。
　限界はあるもので、私にとって記帳代行という仕事だけは変えようがありません。
　ITを活用できるデータ処理工程に興味を覚えるものの、レシートを入力するだけの仕事はおもしろさも、やりがいも感じられません。

　また、あることに自分がおもしろさややりがいを感じているか、敏感になることも大切です。
　おもしろくなかろうが、やりがいを感じなかろうが、仕事はひたすらやり遂げることが美徳であるとの考え方は、独立前に刷り込まれたものに過ぎません。
　独立前の因習にとらわれず、まず、その毒を取り除くことも意識していきましょう。

ひとり税理士としての方向性に悩んだときに生じるギモン

122 ひとりで寂しいと感じたり、人を雇いたいと思うことはありませんか？

私の場合、ひとりだから寂しいと感じたり、人を雇いたくなることはありません。

ひとりで仕事をしていて、寂しさを感じると、人を雇ったり、他の人と組む、会に属するなどの対処法を考えるものですが、私はそもそも寂しいと感じません。

これは、妹が2人いる長男である私の生来的な性格に由来する可能性もあります。

子供の頃からひとりで遊ぶことを好み、大人になってもその傾向は変わりません。

元来、交友範囲が広いほうではありませんし、大勢で賑やかに過ごすより、少人数で静かな時間を過ごすほうが好きなタイプです。

ひとり税理士が性に合っており、寂しさはあまり感じません。

さらに、現在は自宅で仕事をしつつ、妻と娘と3人で暮らしているため、寂しさを感じることがないのです。

家族の有無により、寂しさの感じ方も違うのかもしれません。

加えて、毎日、仕事上で他者とコミュニケーションを取るようにしています。

　アポは少なく（原則として１日１件）、発信や執筆、教材作成、写真などのアポのない仕事もすることにしているので、人と接する機会は多くありません。

　むしろ書く仕事と話す仕事により、他者とコミュニケーションを取っています。
　対人での会話をイメージしながらブログ記事を書いたり、YouTubeやラジオの収録で相手がいるかのように話したりしているわけです。
　これらの行為もコミュニケーションの一種と捉えており、それゆえ、寂しさを感じません。

　これがもしリアルで対面で人と話すとなると、時間も要しますし、ストレスを生じる可能性もあります。
　また、誰かに電話する、メールする、チャットするといった行為は相手の時間を奪う可能性があり、迷惑になるかもしれません。
　仮に寂しくても、人に頼らない方法でそれを解消していきましょう。

　かくいう私自身、独立当初は「寂しい」と感じたこともありました。
　事務所に行ってもひとりですから、人によく会い、会合にも参加し、営業電話も気軽に受けていました。
　結果として不要なものを購入したり、会のしがらみに巻き込まれるなど、面倒が多かったのです。

一時的に人を雇ったのは、寂しさを解消するためだったのかもしれません。

　その後はひとり税理士でいることに慣れ、今現在はひとり税理士として、寂しさをコントロールできています。

　独立直後はひとり税理士のあり方に慣れないものですが、慣れるための道程も、ひとり税理士の道の一部なのです。

123 ひとり税理士が辛いと感じており、勤務に戻りたいと考えています。どう考えるべきでしょうか?

もし、少しでもそう思うなら戻るべきです。

社員税理士、所属税理士など、誰かに雇われる環境は、
・安定した給与収入が得られる
・税理士業に専念できる
・有給休暇がある
・ひとり税理士ではできない仕事ができる
・上司、同僚、部下がいる
といったメリットがあります。

ひとり税理士として独立してみたものの、合わないこともあるでしょう。
税理士業界は人手不足であり、働き口を見つけられる可能性はあります。
勤務に戻るのも人生の一つの選択肢です。

毎日通勤し、四六時中会議があるという環境には、絶対に戻るつもりはありませんし、戻りたくありません。
だからこそ、日々鍛錬しています。

食べていけなくなったら、好きだの嫌いだのと言っておられず、戻らざるを得なくなるからです。

　実際、そうなりたくないという強い思いが私のモチベーションとなり、原動力となっています。

　それゆえに、行動でき、自分を律することができているのです。

　ひとり税理士として独立後、再び勤務に戻るという選択肢もあるかもしれませんが、私にはもとよりそのような選択肢はありませんでした。

　ひとり税理士として独立するにはそれくらいの覚悟が必要です。

　「やってみて、ダメだったらまた勤務に戻ればよい」といった程度の覚悟では、日々鍛錬することは難しく、長続きすることもないでしょう。

　独立後は不退転の決意により、背水の陣で臨むことが必要です。

124 ひとり税理士として活動しつつ、人を雇うこともありだと思いますか？

一度、雇ってみるのもよいでしょう。

ひとり税理士を標榜しても、人を雇いたくなることがあるかもしれません。

それを止める気はありませんし、否定するつもりもありません。

しかし今一度、人を雇うことに伴うデメリットも考えましょう。

たとえば、

・採用活動に費用や労力を要する

・仕事を与える必要がある

・仕事を教える必要がある

・設備投資（事務用品や備品）しなければならない

・すぐ辞めてしまうかもしれない

・自分と合わない人かもしれない

・辞めてもらうのは難しい

といったデメリットが考えられます。

私は独立後の16年間で、3年ほど人を雇っている期間がありました。

2010年7月以降はずっと、ひとり税理士です。

　その後、人を雇おうと考えたことはありません。

　人を雇うことによるメリットを感じる一方、デメリットをより強く感じ、生き方として、人を雇わない「ひとり税理士」のスタイルを追求すると決めたからです。

　その後は、「人を雇わない」スタイルで、自分の生き方を調整してきました。

　私にとって、

・雇わない

ということと、

・1人雇う

ことの間には、とてつもない開きがあります。

　こういった結論に至ったのは、私も一度、人を雇った経験があるからです。

　もし迷うなら、まずは雇ってみることで体感してみましょう。

125 外注について、どのようにお考えでしょうか？

私自身は面倒に感じるので外注することはありません。

私が人を雇わないのは、何かと手間がかかるからです。

人を雇えば、担っていただく仕事について説明しなければなりませんし、任せた仕事の仕上がりもチェックしなければなりません。

採用時、あるいは退職時の各種手続も必要です。

ひとり税理士のほうが身軽ですし、仕事の効率も上がります。

外注についてはどうでしょうか。

人を雇うことに比べればその手間はさほどではありませんが、それでも多少なりとも、同様の手間がかかります。

外注は任せきりで丸投げできればよいのですが、最終的には、自分でチェックしなければいけません。

また、人を雇うと、雇っていた人が急に辞めてしまい、困るということもあります。

時間とお金をかけて採用し、せっかく教えても辞めてしまえば、また代わりの人を採用しなければなりません。

外注の場合でも同様の問題が生じます。
・外注していた人が辞めることになった
・外注していた人が忙しくなった
・外注していた人がきちんと仕事をこなさなくなった

　こうしたことを考えると、人を雇わないだけでなく、外注もしないという選択になるのです。

　仕事を外注せずにどうするか。
　自分だけでできる仕事を増やすしかありません。

　私はホームページやブログの作成、写真、デザイン、YouTubeや動画撮影・編集、プログラミング（ソフトをつくる）、スケジュール・タスク管理、お客様との連絡など、自分だけでできる仕事を考えて取り組んでいます。
　自分だけでできることを増やすには、時間もお金もかかりますが、それらが確立すれば、時間もお金も節約できるのです。

　分岐点を越えるまでが一苦労ですが、越えた先に異なる世界が広がっています。

　外注を検討するよりも、自分だけでできる量の仕事にする、人手が必要ない仕事をするなど、工夫してみるとよいでしょう。

126 税理士事務所・法人を継がないかと誘われましたが、どのように考えるべきでしょうか?

私であれば丁重にかつ確実にお断りします。

ひとり税理士をしていて、税理士事務所や税理士法人を継がないかとお話をいただくこともあるようです。(私自身はありませんが、そのようなご相談はいくつも受けています)

ひとり税理士は従業員がいないため、複数の事務所を合併するより都合がよいといった事情もあります。

あるいは、「ひとり税理士は食べていくのが大変だろう」との気遣いからお声がけいただくこともあるでしょう。

「やはり、拡大してみたい」と考えるなら、お受けしてもよいかもしれません。

「ひとり税理士」としての初志を貫徹し、拡大を目指すつもりがないのであれば、断るべきです。

事務所や法人を継げば売上は増えるでしょうが、利益が増えるとは限りません。

所得が増える保証はなく、時間だけが減る可能性もあります。

労力と責任が増すだけの場合も多いことでしょう。

ひとり税理士としてのスタイルを維持するのであれば、

・お客様のみを引き継ぐ

・顧問先との契約条件を見直し、再契約できる（あるいは一定期間条件据置）

・受け得る範囲内で部分的に顧問先を引き継ぐ

・元の事務所による関与を完全になくしていただく

という条件であれば、検討の余地があります。

　しかし、そんな都合のよい話は期待できないでしょう。

　事務所引継ぎは、それくらいメリットが薄いと考えています。

　自分なりの生き方を志し、自分に合ったお客様との仕事に絞り切った環境で、異なる色に染まったお客様を引き継ぐことはリスクでしかありません。

　「お世話になった方からの申し出なので断りきれない」ということだけが理由なら、なおのことお断りしましょう。

　お世話になった方への恩に報いることと、事務所を引き継ぐことは切り離して考えるべきです。

　逆の立場で、自分の事務所を誰かに引き継いでもらう際に、気乗りしない相手に引き継がれたり、断りきれないという理由で引き継がれても困ります。

　自分の軸に照らしてしっかり引き継いでいただける相手に引き継ぎたいと、自分でも考えるでしょう。

　せっかくの人生、背負いすぎないようにしたいものです。

127 税理士事務所・法人に来ないかと誘われましたが、どのように考えるべきでしょうか？

私は断ります。悩むことがないようにしましょう。

税理士業界が人手不足ということもあり、税理士事務所や税理士法人からお誘いを受けることもあるようです。（私はお誘いいただいたことはありません）

ひとり税理士であり続けること、あるいは独立がつらいと感じたり、安定した生き方を望むのであれば検討の余地はあるかもしれません。

しかし雇われたからといって、満足な収入が得られ、安定した生き方が保証されるとは限らず、慎重な決断が求められます。

応じるか否かということだけでなく、中間の落としどころも検討しましょう。

たとえば、開業税理士としての立場を維持し、まずは外注や非常勤で仕事を受けることができないか交渉するという手もあります。

しかしながら、もとより、好条件で誘われても揺らぐことのない生き方を、普段から心がけましょう。

私なら、通勤を強いられるなら絶対にお受けしませんし、完全テレワークに高年収が保証されたとしても、お断りします。

その他にも、
・パソコンやIT環境を自分で選べない
・何かを決めるときに自分だけで決めることができない
・自分に直接依頼があった仕事以外もこなす必要がある
・電話、メール、チャットなどの連絡方法を選べない
・電話が鳴り響く職場で働かねばならない
・上司、同僚、部下の目がある環境で仕事をする
・ランチタイムが決められている
・自分の予定を誰かに伝えなければいけない
・組織内の報告連絡に加え、調整や根回しが必要となる
といったことは、ひとり税理士として手に入れた環境を放り出してまで応じるものでしょうか。

128 ひとり税理士は気楽で気ままな稼業ですか？

私は、気楽で気ままです。正確に言うと、「気楽で気ままになることができました」。

「ひとり税理士は、気楽で気まま」

傍から見れば、そのように見えるかもしれません。

たしかに今は、私は「好きな仕事をして、たっぷりの時間とちょっとしたお金はある」状態であり、本当にありがたいことです。

ただ、私自身、最初からそのようにできていたわけでなく、「ひとり税理士はすべからく気楽で気まま」であるかというと、そうではありません。

私はひとり税理士をおすすめする身として、これまで、さまざまな発信や本書等の著作を通じ、その「裏側」もお伝えしてきたつもりです。

今日の私の「気楽で気まま」な日常は、次のような継続的な鍛錬を基盤に成立しているものです。

・毎日のブログ更新（16年以上）

・毎日のメルマガ発信（12年以上）

・毎日のYouTube（3年以上）

・毎月の新作セミナー開催、これまで500回以上の自主開催
・過去60回以上のトライアスロン、23回のフルマラソン
・毎日の分刻みのタスク管理
・毎日新しいことをする１日１新
・動画教材の販売（100本以上）
・出版（36冊以上）
・ITスキル、タイピングスキル、プログラミングスキルの継続的向上
・やらないことリストの徹底した遵守
・ひらめきを逃さないメモシステム（Evernote）

　さらに、私の日常は「気楽で気まま」なばかりではありません。
・お金の使い方の失敗
・交通事故による３か月もの入院と再入院、その後のリハビリ、現在も続く通院、損害賠償に関する交渉のストレス
・お客様との別れ
・プライベートでの辛い出来事や悲しい出来事
といったことも乗り越えてきました。

　また、人を雇わず、ひとりで気楽に気ままに生きることが今できたとしても、今後の保証があるわけではありません。
　道を一歩誤れば、時間もお金も失いかねず、そうなれば望まぬ仕事も受けざるを得なくなる可能性があります。
　これまで、そのようなシーンに何度も遭遇してきました。

　「気楽で気まま」な生き方を本気で求めるのなら、相応の鍛錬が欠かせません。

　この生き方は、弛まぬ鍛錬の先にあるものです。

　これまでメルマガをはじめとしたさまざまな発信や『ひとり税理士の仕事術』等の著述を通じ、「ひとり税理士」という像を提供してきました。

　その結果、期待値をあげてしまった面があるかもしれないと感じています。

　一方で、曲がりなりにも「ひとり税理士という生き方」のヒントを提供し、ひとり税理士という生き方に資する鍛錬や方向性を示すことはできました。

　同様の志を持つ後進の鍛錬を少しは楽にできたかなと感じています。

　私が独立した当時より、「気楽で気まま」であることを追求するひとり税理士は増えました。

　私が提供したヒントで得られた時間があるならば、その時間分だけ、ご自身の独自の鍛錬に充てていただければと願っています。

　私がしていないこと、できていないことを強みとする独自の鍛錬も、あり得る方向性の１つです。

　そうした個々の鍛錬が、結果的に、税理士業界のみならず、世の中に対するよりよい貢献となり、皆がより楽しめる世の中につながっていくことを期待しています。

私が発信しているあり方は、一例に過ぎません。

　よいと思う部分は取り入れつつ、ご自身なりの「ひとり税理士」を目指しましょう。

あとがき

　本書の企画を編集者さんと最初に話したのは、2021年7月14日のことでした。

　その後、企画を練り上げ、完成に至るまで、2年の歳月を要しました。

　なぜこんなにも時間がかかったのか。

　サボっていたつもりはありません。

　思った以上に筆が進んだことが要因の1つです。

　当初書き上げた草稿は、過去最大のボリュームでした。

　泣く泣く削った部分も多いのですが、それでもシリーズ最大の文字数となっています。

　『ひとり税理士の仕事術』を上梓してから8年が経ちました。

　自分の考え方のより深い部分、その意図、判断の基準、そして、確立した判断軸について書いてみたい、という思いが、本書を著す動機となっています。

　生きている限り、ギモンや迷いは次々と生じてくるものです。

　それでも、自分の軸さえ磨いていれば、どのようなギモンに対しても、自分なりの答えが出せるようになるものです。

　誰に頼ることもできないひとり税理士は、さっと自分ひとりで答えを出せるようにしておくとよいでしょう。

ギモンに対する回答スピードの向上は、効率化にもつながります。

　ひとり税理士として効率化を図るなら、道具（パソコン・スマホ）やスキル（IT技術・プログラミング）に加え、確固たる「判断軸」が欠かせません。

　そのうえで、「たっぷりとした時間とちょっとしたお金」という理想のバランスを目指し、時間をつくっていきましょう。

　さて、今、この「あとがき」を書いているのは、2023年7月3日（月）の16時44分17秒のことです。

　小学生の娘（この時点では、ひとりでエレベーターに乗れない）を迎えに行き、「おなかすいたー」とリクエストされ、オムライスをつくったところです。

　まもなく仕事を終え、「FF16（ゲーム）」の続きをはじめます。

　この週末は、2泊3日で、仲間と石川・能登島でトライアスロンをする予定です。

　娘の夏休み期間中は、南紀白浜、宮崎、名古屋、京都、尾道、佐木島への紀行を予定しています。

　こうした生き方こそ、私の望んだものであり、軸を磨いた結果、たどり着いた生き方です。

　自分の軸を磨き上げ、日々のギモンや悩みを即座に解消することで、仕事のみならず、人生そのものを楽しみましょう。

井ノ上　陽一（いのうえ　よういち）
（株）タイムコンサルティング代表取締役
税理士

1972年大阪生まれ。宮崎育ち。
総務省統計局で３年働いた27歳のとき（2000年）に、生き方を変えるため税理士試験に挑戦。３年後に資格取得、2007年に独立。

雇われない雇わない生き方、「ひとり税理士」を提唱。
独立以来、自宅を中心に税理士業をし、そのノウハウを提供し続けている。

そのスタイルに影響を受け、独立する税理士も数多く、4,000日ほど配信し続けている無料メルマガ「税理士進化論」で、独立にむけてのサポートも行っている。
ブログは6,000日ほど毎日更新。

著書に『ひとり税理士の仕事術』『ひとり税理士の自宅仕事術』『【インボイス対応版】ひとり社長の経理の基本』『新版 そのまま使える経理＆会計のためのExcel入門』など36冊。

ブログ「独立を楽しくするブログ」
（「ブログ　井ノ上」で検索）
https://www.ex-it-blog.com/

メルマガ「税理士進化論」
（「税理士進化論」で検索）

ひとり税理士のギモンに答える 128問128答

令和5年8月17日　初版印刷
令和5年8月29日　初版発行

不　許
複　製

著　者　　井ノ上　陽　一

（一財）大蔵財務協会　理事長
発行者　　木　村　幸　俊

発行所　　一般財団法人　大 蔵 財 務 協 会
〔郵便番号　130-8585〕
東京都墨田区東駒形1丁目14番1号
（販　売　部）TEL03（3829）4141・FAX03（3829）4001
（出版編集部）TEL03（3829）4142・FAX03（3829）4005
http://www.zaikyo.or.jp

乱丁・落丁の場合は、お取替えいたします。　　　　印刷　恵友社
ISBN978-4-7547-3142-7